2022 房地产经纪专业人员职业资格考试

房地产经纪人协理考试高频考点与真题解析
房地产经纪操作实务

58安居客培训赋能中心
正房科技考试研究组   联合编写

杜 岩   刘惠鑫   侯蕴藝   主 编

中国建筑工业出版社
中国城市出版社

图书在版编目（CIP）数据

房地产经纪人协理考试高频考点与真题解析. 房地产经纪操作实务/58安居客培训赋能中心，正房科技考试研究组联合编写；杜岩，刘惠鑫，侯蕴藝主编. —北京：中国城市出版社，2022.7

2022房地产经纪专业人员职业资格考试

ISBN 978-7-5074-3485-9

Ⅰ. ①房… Ⅱ. ①5… ②正… ③杜… ④刘… ⑤侯… Ⅲ. ①房地产业—经纪人—资格考试-中国-自学参考资料 Ⅳ. ①F299.233

中国版本图书馆CIP数据核字（2022）第105366号

本书是面向房地产经纪专业人员职业资格考试的复习辅导用书，帮助考生总结提炼考试要点、掌握考试规律。从考生应试需求出发，结合教材的章节编写，内容分为章节导引、章节核心知识点、真题实测、章节小测、模拟卷几部分。本书的主要特点是核心知识点突出、以练带学，能更有针对性、更突出重点地帮助经纪人员理解考点和加深记忆，是考前冲刺重要的复习资料。

责任编辑：毕凤鸣　周方圆
责任校对：关　健

2022房地产经纪专业人员职业资格考试
房地产经纪人协理考试高频考点与真题解析
房地产经纪操作实务
58安居客培训赋能中心　　　联合编写
正房科技考试研究组
杜　岩　刘惠鑫　侯蕴藝　主　编

*

中国建筑工业出版社、中国城市出版社出版、发行（北京海淀三里河路9号）
各地新华书店、建筑书店经销
北京建筑工业印刷厂制版
北京市密东印刷有限公司印刷

*

开本：787毫米×1092毫米　1/16　印张：9　字数：219千字
2022年8月第一版　2022年8月第一次印刷
定价：**29.00元**
ISBN 978-7-5074-3485-9
（904491）

版权所有　翻印必究
如有印装质量问题，可寄本社图书出版中心退换
（邮政编码 100037）

本书编委会

主编单位：58安居客培训赋能中心
　　　　　正房科技考试研究组
主　　编：杜　岩　刘惠鑫　侯蕴藝
参编人员：赵汝霏　金梦蕾　任芳芳　孙亚欣
　　　　　张　莹

前　言

一、为什么要编写这套考试辅导用书

多数房地产经纪从业人员希望通过国家职业资格考试，取得一个官方认证的合法身份。一线经纪人员如果没有相应的资格证书在手，业绩做得再好总少点底气和信心。首先，害怕被业主或者客户问有没有资格证，质疑自己的专业能力；其次，担心政府管理部门检查有没有持证上岗，整天提心吊胆；再有，就是不能在经纪服务合同上签名，做业务名不正言不顺。据统计，全国已经有20多万人取得房地产经纪专业资格证书，还没有通过考试的人压力会越来越大。这些苦恼，迫使经纪从业人员亟需通过职业资格考试取得一个专业身份。

愿望很美好，现实很残酷。一线房地产经纪人员平时工作繁忙，每天怀揣着财富梦努力开发、带看、做单、冲业绩，一周工作6天，常常从早9点忙到晚11点，节假日更是最忙的时候，几乎没有时间看书、复习。经纪人考试四本书，加起来1000多页；协理考试两本书，也有好几百页，怎么办？于是我们组织编写了本套考试辅导用书，旨在帮助经纪人员更好地理解教材内容，事半功倍达到复习效果。

二、这是一本什么样的考试辅导用书

这是一套从考生应试需求出发，总结提炼考试要点、掌握考试规律的复习辅导用书。本书的编写目的，是帮助胸有成竹的考生考出优异的成绩；帮助没有足够时间看书复习的考生提高复习效率；帮助临场没有太大把握的考生提高应试技巧；帮助没有太多时间看书的考生多掌握必备知识点。本书的编写人员拥有多年考试辅导经验，熟读考试用书，精通命题规律，了解历年核心知识点，掌握解题技巧。

本书内容分为【章节导引】【章节核心知识点】【真题实测】【章节小测】【模拟卷】几部分。

【章节导引】用关系图的形式，帮助考生一目了然地掌握知识要点的逻辑关系，概览知识体系。

【章节核心知识点】对经纪人员应知应会内容进行总结和提炼，帮助考生快速掌握考试的要点和命题的重点。

【真题实测】和【章节小测】从应试角度出发，结合历年的真实考题，梳理相关核心知识点，进行章节测试，辅之详细的解析，提高考生的解题能力。

【模拟卷】仿照考试真题，按照真实考试题型题量及分布的要求拟定的考试模拟题，帮助考生模拟考试实战。

综上，本书的主要特点是核心知识点突出、以练带学，能更有针对性、更突出重点地帮助经纪人员理解考点和加深记忆，是考前冲刺重要的复习资料。

三、这套考试辅导用书能解决什么问题

考生的情况千差万别,这套书如何兼顾不同的情况?到底能解决什么问题?编写者动笔之前就明确了本书要解决的问题。

如果考生没有充足的复习备考时间,本书中的"核心知识点"可以让考生提高学习效率,节省复习时间。

如果考生的解题技巧不娴熟,本书的解题分析可以帮助考生了解解题思维,掌握解题技巧,让考生做题时驾轻就熟。

如果考生对考试的形式比较陌生,本书的模拟卷可以让考生提前练兵,考试时面对真题似曾相识,镇定自若。

如果考生到考试了还没看完书,本书可以让考生临阵磨枪,尽可能利用解题技巧多做对题。

如果考生已看过多遍考试用书,本书的模拟试题可以检测考生的复习效果,考查考试用书的掌握情况。

需要说明的是,本书只是概括了核心知识点,并不能囊括教材中的所有知识点,考生也可根据自己对不同章节知识的掌握程度、时间安排等进行自我学习规划。

四、希望更多的考生能够看到这套用书

房地产经纪是一个不靠关系、不求人的公平竞争的行业,很多草根出身的年轻人通过努力做单,实现了人生财富的累积。房地产经纪专业人员职业资格考试,相对于业务竞争更加公平、有序,复习的一分一秒一定会转化为一个对题一个得分。当然,公平不可能是绝对的,业务上同样的努力,因所在区域或商圈不同,工作业绩差异很大;复习上花费同样的时间,如果没有选对考试辅导用书,就可能因几分之差而需继续准备下一年的考试。

最后,希望更多的人看到本套辅导用书,通过高效率的复习,顺利通过考试,成功完成房地产经纪专业人员身份的逆袭。恳请广大读者提出宝贵意见,便于后期修订。

编者

2022 年 4 月

目 录

第一章 房地产经纪业务类型及流程 ………………………………………… 1
【章节导引】 …………………………………………………………………………… 1
【章节核心知识点】 …………………………………………………………………… 1
核心知识点 1：房地产经纪业务分类 ………………………………………………… 1
核心知识点 2：我国现行房地产经纪业务类型 ……………………………………… 2
核心知识点 3：房地产经纪服务的内容 ……………………………………………… 2
核心知识点 4：存量房买卖居间（中介）业务的基本流程 ………………………… 3
核心知识点 5：存量房租赁居间（中介）业务流程 ………………………………… 6
【真题实测】 …………………………………………………………………………… 9
【真题实测答案解析】 ………………………………………………………………… 10
【章节小测】 …………………………………………………………………………… 11
【章节小测答案解析】 ………………………………………………………………… 12

第二章 房地产交易信息搜集、管理与利用 ……………………………… 14
【章节导引】 …………………………………………………………………………… 14
【章节核心知识点】 …………………………………………………………………… 14
核心知识点 1：房源的属性 …………………………………………………………… 14
核心知识点 2：房源信息的含义和内容 ……………………………………………… 15
核心知识点 3：房源信息搜集 ………………………………………………………… 15
核心知识点 4：房源与客源信息的整理 ……………………………………………… 16
核心知识点 5：房源信息的共享 ……………………………………………………… 16
核心知识点 6：房源状态 ……………………………………………………………… 17
核心知识点 7：存量房房源信息发布的相关要求 …………………………………… 17
核心知识点 8：存量房与新建商品房房源信息发布的渠道 ………………………… 18
核心知识点 9：新建商品房房源发布的相关要求 …………………………………… 19
核心知识点 10：客源信息搜集的渠道和方法 ……………………………………… 20
核心知识点 11：客源开发的常用策略 ……………………………………………… 20

核心知识点 12：房源客源匹配的步骤 ································· 21

核心知识点 13：房地产价格信息搜集 ································· 21

核心知识点 14：房地产价格信息利用 ································· 22

【真题实测】··· 22

【真题实测答案解析】··· 23

【章节小测】··· 24

【章节小测答案解析】··· 25

第三章 房地产经纪服务合同签订 ································· 28

【章节导引】··· 28

【章节核心知识点】·· 28

核心知识点 1：房地产经纪服务合同的主要类型 ···················· 28

核心知识点 2：房地产经纪服务合同的主要内容 ···················· 29

核心知识点 3：书面告知委托人有关事项 ···························· 29

核心知识点 4：交易资金交付 ··· 30

核心知识点 5：房地产经纪服务内容 ································· 30

核心知识点 6：收费标准及支付时间 ································· 31

核心知识点 7：房屋基本情况填写 ···································· 32

核心知识点 8：房地产经纪服务费用及其支付方式 ················· 32

【真题实测】··· 33

【真题实测答案解析】··· 34

【章节小测】··· 35

【章节小测答案解析】··· 36

第四章 房屋实地查看 ··· 38

【章节导引】··· 38

【章节核心知识点】·· 38

核心知识点 1：房屋实地查看的含义和作用 ························· 38

核心知识点 2：房屋实地查看的主要内容 ···························· 39

核心知识点 3：房屋实地查看前的准备工作 ························· 40

核心知识点 4：房屋查看的注意事项 ································· 40

核心知识点 5：编制房屋状况说明书的作用 ························· 41

核心知识点 6：编制房屋状况说明书的注意事项 ···················· 42

核心知识点 7：带领客户实地看房前的准备 ························· 42

核心知识点8：带领客户实地看房过程中的要求 …………………………43
　　核心知识点9：带领客户实地看房的注意事项 ……………………………43
　【真题实测】……………………………………………………………………44
　【真题实测答案解析】…………………………………………………………44
　【章节小测】……………………………………………………………………45
　【章节小测答案解析】…………………………………………………………46

第五章　房地产交易合同代拟 ……………………………………………………48
　【章节导引】……………………………………………………………………48
　【章节核心知识点】……………………………………………………………48
　　核心知识点1：存量房买卖合同签订前的准备工作 ………………………48
　　核心知识点2：存量房买卖合同风险防范的方法 …………………………51
　　核心知识点3：代拟新建商品房买卖合同签订前的准备 …………………52
　　核心知识点4：签订新建商品房买卖合同 …………………………………52
　　核心知识点5：商品房买卖（预售）合同风险防范 ………………………53
　　核心知识点6：租赁合同签订前的准备工作 ………………………………54
　　核心知识点7：房屋租赁合同的主要内容 …………………………………55
　　核心知识点8：房屋租赁合同风险防范 ……………………………………55
　　核心知识点9：房地产交易合同登记备案 …………………………………56
　【真题实测】……………………………………………………………………57
　【真题实测答案解析】…………………………………………………………58
　【章节小测】……………………………………………………………………58
　【章节小测答案解析】…………………………………………………………60

第六章　房地产交易资金结算 ……………………………………………………62
　【章节导引】……………………………………………………………………62
　【章节核心知识点】……………………………………………………………62
　　核心知识点1：房地产交易资金的类型 ……………………………………62
　　核心知识点2：房地产交易资金支付方式 …………………………………63
　　核心知识点3：房地产交易资金交割方式 …………………………………63
　　核心知识点4：存量房交易资金交割的操作流程 …………………………64
　【真题实测】……………………………………………………………………65
　【真题实测答案解析】…………………………………………………………66
　【章节小测】……………………………………………………………………67

【章节小测答案解析】……………………………………………………………… 68

第七章　房屋交验与经纪延伸服务……………………………………………………… 70

　　【章节导引】……………………………………………………………………… 70

　　【章节核心知识点】……………………………………………………………… 70

　　　核心知识点1：存量房查验和交接前期准备 …………………………………… 70

　　　核心知识点2：存量房买卖、租赁实地查验的内容 …………………………… 71

　　　核心知识点3：办理交接手续 …………………………………………………… 71

　　　核心知识点4：房地产经纪业务记录的主要内容 ……………………………… 72

　　　核心知识点5：房地产经纪业务档案管理的要求 ……………………………… 73

　　　核心知识点6：房地产经纪业务档案管理步骤 ………………………………… 73

　　　核心知识点7：个人住房贷款流程 ……………………………………………… 74

　　　核心知识点8：个人住房贷款代办委托 ………………………………………… 74

　　　核心知识点9：个人住房贷款代办服务的内容 ………………………………… 75

　　　核心知识点10：个人住房贷款代办服务中业务文书的使用 …………………… 77

　　　核心知识点11：不动产登记代办流程 …………………………………………… 78

　　　核心知识点12：不动产登记代办中的资料核验及收费 ………………………… 78

　　【真题实测】……………………………………………………………………… 79

　　【真题实测答案解析】…………………………………………………………… 79

　　【章节小测】……………………………………………………………………… 80

　　【章节小测答案解析】…………………………………………………………… 81

第八章　房地产经纪服务礼仪…………………………………………………………… 83

　　【章节导引】……………………………………………………………………… 83

　　【章节核心知识点】……………………………………………………………… 83

　　　核心知识点1：房地产经纪服务礼仪的作用 …………………………………… 83

　　　核心知识点2：站姿的基本要求和站姿中的不当之处 ………………………… 83

　　　核心知识点3：握手礼仪 ………………………………………………………… 84

　　　核心知识点4：名片礼仪 ………………………………………………………… 85

　　　核心知识点5：电话礼仪 ………………………………………………………… 85

　　【章节小测】……………………………………………………………………… 86

　　【章节小测答案解析】…………………………………………………………… 87

房地产经纪操作实务模拟卷（一）……………………………………………………… 88

房地产经纪操作实务模拟卷（二）……………………………………………………… 99

房地产经纪操作实务模拟卷（一）答案解析…………………………………… 110
房地产经纪操作实务模拟卷（二）答案解析…………………………………… 122
编者简介……………………………………………………………………………… 134

第一章 房地产经纪业务类型及流程

【章节导引】

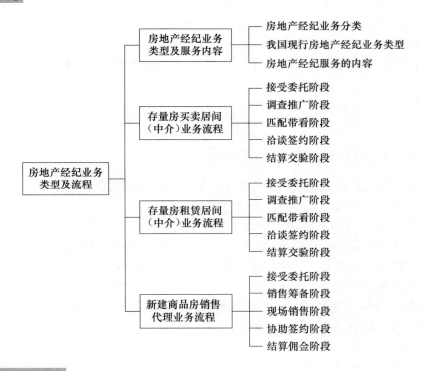

【章节核心知识点】

核心知识点1：房地产经纪业务分类

（1）根据标的房地产所处的市场类型分类：新建商品房经纪业务和存量房经纪业务。

（2）根据房地产交易类型分类：房地产买卖经纪业务和房地产租赁经纪业务。

（3）根据标的房地产用途分类：居住房地产经纪业务（或住宅经纪业务）和商业房地产经纪业务。

（4）根据房地产经纪服务方式分类：房地产居间（中介）业务和房地产代理业务。

1.（单选题）在房地产经纪业务中，相对稳定且受房地产市场波动影响小的业务是（　　）。

  A. 房地产租赁经纪业务   B. 房地产买卖经纪业务
  C. 存量房经纪业务   D. 新建商品房经纪业务

【答案】A

【解析】租赁房地产经纪业务相对稳定，受市场波动影响小，而买卖经纪业务收费高，但受房地产市场波动影响较大，两种业务可相互补充。

【出处】《房地产经纪操作实务》（第四版）P1

2．（单选题）根据标的房地产所处的市场类型，房地产经纪业务可分为（　　）。

  A．房地产买卖经纪业务和房地产租赁经纪业务
  B．新建商品房经纪业务和存量房经纪业务
  C．居住房地产经纪业务和商业房地产经纪业务
  D．房地产居间（中介）业务和房地产代理业务

【答案】B

【解析】根据标的房地产所处的市场类型可分为新建商品房经纪业务和存量房经纪业务。

【出处】《房地产经纪操作实务》（第四版）P1

核心知识点2：我国现行房地产经纪业务类型

现阶段我国房地产经纪实践中的主要业务类型有存量房买卖居间（中介）业务、存量房租赁居间（中介）业务和新建商品房销售代理业务。

实践中要注意区分存量房租赁居间（中介）业务与存量房租赁托管、包租业务的不同，后两者属于房屋租赁经营的范畴。存量房租赁托管是指专业机构接受房屋权利人的委托，提供房屋出租、代收租金、房屋出租后的维修管理等服务，并收取管理费或服务费的行为。存量房包租是指专业机构承租他人的房屋后对房屋进行装饰装修改造、增配家具家电，再以出租人身份将房屋转租给其他承租人，以及根据承租人需要提供保洁等后续服务，向承租人收取租金和服务费的行为。

1．（单选题）在房地产经纪业务中，一般需要提供装修改造、增配家具家电等增值服务的业务是（　　）。

  A．存量房买卖居间业务　　　　B．存量房租赁托管
  C．存量房包租　　　　　　　　D．新建商品房销售代理业务

【答案】C

【解析】存量房包租是指专业机构承租他人的房屋后对房屋进行装修改造、增配家具家电，再以出租人身份将房屋转租给其他承租人，根据承租人需要提供保洁等后续服务，向承租人收取租金和服务费的行为。

【出处】《房地产经纪操作实务》（第四版）P2

核心知识点3：房地产经纪服务的内容

存量房买卖居间（中介）业务：提供买卖信息；提供交易流程、交易风险、市场行情和交易政策等咨询；房屋实地查看和权属调查；发布信息及进行广告宣传；协助议价、交

易撮合、订立房屋买卖合同；代办抵押贷款（如有需要）；协助交易资金监管及结算；协助缴纳税费，代办不动产登记（如有需要）；协助交验房屋等。

存量房租赁居间（中介）业务：提供租赁信息；提供市场行情和相关政策咨询；房屋实地查看和权属调查；发布信息及进行广告宣传；协助议价、交易撮合、订立房屋租赁合同；代办房屋租赁合同备案手续（如有需要）；协助缴纳税费；协助交验房屋等。

新建商品房销售代理业务：市场调研；项目本体分析、竞争产品分析、客户定位等项目营销策划咨询；项目宣传及推广；对商品房进行销售；协助签订商品房买卖合同及房屋交验等。

1.（单选题）下列房地产经纪服务中，不属于存量房租赁居间（中介）业务服务内容的是（　　）。
　　A. 发布信息及进行广告宣传
　　B. 协助交易资金结算及监管
　　C. 协助议价、交易撮合及订立房屋租赁合同
　　D. 房屋实地查看和权属调查

【答案】B
【解析】在存量房租赁居间（中介）业务中，房地产经纪机构提供的服务主要包括：提供租赁信息；提供市场行情和相关政策咨询；房屋实地查看和权属调查；发布信息及进行广告宣传；协助议价、交易撮合、订立房屋租赁合同；代办房屋租赁合同备案手续（如有需要）；协助缴纳税费；协助交验房屋等。
【出处】《房地产经纪操作实务》（第四版）P3

核心知识点 4：存量房买卖居间（中介）业务的基本流程

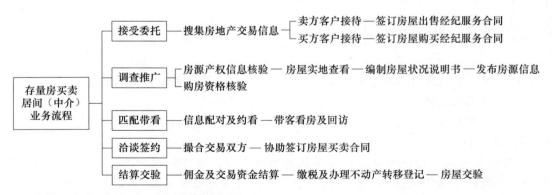

小核心知识点 4-1：接受委托阶段
（1）搜集房地产交易信息
房地产交易信息包括房源信息、客源信息和房地产价格信息。
（2）客户接待
①卖方客户接待
主体身份识别：为辨别委托人是否有权利处置房屋，需辨识其身份，包括是否是房屋

所有权人、是否具有民事行为能力等。了解房屋本身的权利、实物等状况；了解卖房原因和资金要求；告知委托人必要事项；告知委托人近期类似房地产成交价格，协助委托人初步确定房屋挂牌价格。

② 买方客户接待

核实买方的主体资格；沟通购房需求；询问购房预算；告知房屋交易的一般程序及可能存在的风险；告知经纪服务的内容、收费标准和支付时间；告知拟购房屋的市场信息，提出建议。

（3）签订房屋买卖经纪服务合同

1. （多选题）房地产交易信息包括（　　）。
　A. 房源信息　　　　　　　　B. 客源信息
　C. 挂牌信息　　　　　　　　D. 物业管理信息
　E. 房地产价格信息

【答案】ABE

【解析】房地产交易信息包括：房源信息、客源信息和房地产价格信息。

【出处】《房地产经纪操作实务》（第四版）P3

小核心知识点 4-2：调查推广阶段

（1）信息核验

对卖房委托而言，信息核验是对房源的产权信息进行核验。

对买房委托而言，是对购房人的购房资格进行核验。

（2）房屋实地查看

房地产经纪人员要仔细核对委托出售的房屋是否与房地产权属证书描述信息一致，还要重点了解房屋的区位状况、实物状况和物业管理状况。

（3）编制房屋状况说明书

（4）发布房源信息

1. （单选题）房屋实地查看的过程中，经纪人员不需要重点了解房屋的（　　）。
　A. 实物状况　　　　　　　　B. 区位状况
　C. 物业管理状况　　　　　　D. 历史交易状况

【答案】D

【解析】房地产经纪人员在房屋实地查看过程中，要仔细核对委托出售的房屋是否与房地产权属证书描述信息一致，还要重点了解房屋的区位状况、实物状况和物业管理状况。

【出处】《房地产经纪操作实务》（第四版）P6

小核心知识点 4-3：匹配带看阶段

（1）信息配对及约看

（2）带客看房及回访

根据与客户约定的时间带客户看房，带看时要按照房屋状况说明书向买方介绍房屋的基本情况及优缺点。经纪人员需向买方一次性书面告知房屋的基本情况。

1.（单选题）房地产经纪人带客看房及回访过程中，做法错误的是（　　）。
　　A. 仅向客户介绍房屋的优点
　　B. 向买方一次性书面告知房屋基本情况
　　C. 看房后及时回访，了解客户对房屋的满意度
　　D. 结合反馈分析买方需求，做多次匹配直至满意
【答案】A
【解析】带看时，房地产经纪人要按照房屋状况说明书向买方介绍客户的基本情况和优缺点，不能避开缺点不谈。
【出处】《房地产经纪操作实务》（第四版）P7

小核心知识点 4-4：洽谈签约阶段
（1）撮合交易双方
（2）协助签订房屋买卖合同
房屋买卖合同应使用政府部门制定的示范合同文本。合同签订前，房地产经纪人员要做到以下几点：
① 告知买卖双方签约的注意事项；
② 查验房地产权属证书及买卖双方的相关证件；
③ 为买卖双方详细讲解合同条款，重点讲解双方权利义务、违约条款、违约金、付款方式等条款。

1.（单选题）买卖双方达成交易后，房地产经纪人员需协助双方洽谈房屋买卖合同条款并签订房屋买卖合同，签订的合同需要选择（　　）。
　　A. 经纪公司自行拟定的房屋买卖合同
　　B. 政府部门制定的示范合同文本
　　C. 经咨询律师制定的定制化合同
　　D. 经网络下载，适当修改的房屋买卖合同
【答案】B
【解析】房屋买卖合同应使用政府部门制定的示范合同文本。
【出处】《房地产经纪操作实务》（第四版）P7

小核心知识点 4-5：结算交验阶段
（1）佣金及交易资金结算
佣金是房地产经纪服务的合法报酬，买卖双方签订房地产买卖合同后，经纪机构就可以按照房地产经纪服务合同的约定收取佣金。
（2）缴税及办理不动产转移登记
（3）房屋交验

1. （多选题）存量房买卖业务中，关于房地产经纪人在房屋交验过程中的说法，正确的有（　　）。

　　A. 协助买方对房屋内进行检查
　　B. 协助结算物业服务费、水电燃气费、电话费等
　　C. 协助完成燃气、有线电视等过户手续
　　D. 让买方单方在房屋交接单上签字确认
　　E. 协助买方点收钥匙

【答案】ABCE

【解析】房地产经纪人员要协助买方对房屋内部进行查验，包括房屋内部是否完好、赠送的装修、家具是否齐全等；协助结算物业服务费、水、电、燃气、电话费、维修资金等费用；协助完成燃气、网络等过户手续；协助买方点收钥匙，并让买卖双方在房屋交接单上签字确认。

【出处】《房地产经纪操作实务》（第四版）P8

核心知识点5：存量房租赁居间（中介）业务流程

存量房租赁居间（中介）的业务流程与存量房买卖居间（中介）经纪业务大致相同，只是不涉及房源产权信息核验、代办抵押贷款、交易资金监管和不动产转移登记等环节。

小核心知识点5-1：接受委托阶段

（1）搜集房地产交易信息

（2）客户接待

① 出租客户接待的基本流程包括：主体身份识别→了解出租房屋的基本情况→告知委托人必要事项→告知委托人近期类似房地产租金水平，协助委托人初步确定房屋挂牌租金→沟通对承租人的特殊要求（如果有）。

② 承租客户接待的基本流程包括：沟通其对房屋的需求→询问承租方租赁用途及心理价位→告知承租方经纪服务的内容、收费标准和支付时间。

（3）签订房屋租赁经纪服务合同

在确定出租客户有权出租房屋，且委托出租的房屋具备出租条件后，房地产经纪人员应当尽快与出租方签署房屋出租经纪服务合同；接待承租客户后，与其签署房屋承租经纪服务合同。

1. （多选题）在接待出租客户过程中，经纪人需要了解的信息包括（　　）。

　　A. 真实有效的身份证明及房地产权属证书
　　B. 出租人的职业
　　C. 房屋内家具和家电等室内设施状况
　　D. 共有人同意出租的证明
　　E. 房屋是否在法律规范允许的出租范围内

【答案】ACDE

【解析】接待出租客户时需要识别客户的主体身份，了解出租房屋的基本情况。A属

于对出租客户主体身份的识别，CDE 属于对出租房屋基本情况的了解。B 选项询问出租人的职业属于对出租客户的信息挖掘。

【出处】《房地产经纪操作实务》（第四版）P10

小核心知识点 5-2：调查推广阶段

（1）实地查看房屋

查看内容主要包括出租房屋的区位状况、实物状况及内部家具家电配备情况等。

（2）编制房屋状况说明书

实地查看房屋后，经纪人员需要编制房屋状况说明书，并请出租方签字确认。

（3）发布房源信息

发布的房源信息内容包括房屋的位置、总面积、出租面积、楼层、户型、挂牌租金、家具家电配备、合租或整租（如合租，要说明合租者的基本情况）、经纪人员的联系方式等。

1. （单选题）与委托出售的房屋相比较，对委托出租的房屋实地查看时还需重点查看（　　）。

　　A. 房屋实物状况　　　　　　　B. 家具家电的配套情况
　　C. 房屋区位状况　　　　　　　D. 物业管理状况

【答案】B

【解析】出租房源的房屋状况说明书与出售房源的房屋状况说明书的侧重点有所不同，出租房源要注重对房屋内部家具家电情况的说明。

【出处】《房地产经纪操作实务》（第四版）P11

小核心知识点 5-3：洽谈签约阶段

（1）撮合交易双方

（2）协助签订房屋租赁合同

合同签订前，房地产经纪人员要做到以下几点：①引导租赁双方协商租赁合同的相关条款，包括租金的缴纳方式等；②查验相关文件，包括租赁双方的身份证明、房地产权属证书、共有人同意出租的证明等；③提醒租赁双方签订合同的注意事项；④为租赁双方详细讲解合同条款，特别是双方的责任义务、违约条款、违约金、付款方式等。

1. （多选题）房地产经纪人员在房屋租赁合同签订前，需要做的工作有（　　）。

　　A. 引导双方协商租金的缴纳方式　　B. 查验租赁双方的收入证明
　　C. 查验房地产权属证书　　　　　　D. 提醒双方签订合同时的注意事项
　　E. 为双方详细解读条款

【答案】ACDE

【解析】合同签订前，房地产经纪人员要做到以下几点：①引导租赁双方协商租赁合同的相关条款，包括租金的缴纳方式等；②查验相关文件，包括租赁双方的身份证明、房地产权属证书、共有人同意出租的证明等；③提醒租赁双方签订合同的注意事项；

④ 为租赁双方详细讲解合同条款，特别是双方的责任义务、违约条款、违约金、付款方式等。

【出处】《房地产经纪操作实务》（第四版）P12

小核心知识点 5-4：结算交验阶段
（1）佣金及交易资金结算
房地产经纪人员应提醒承租方按合同约定向出租方交纳押金及租金，押金一般为1~3个月的租金，个人承租住房押金一般为1个月租金。出租方向承租方开具押金收据和租金收据。
（2）房屋交验

1. （单选题）房屋交验时，不属于房地产经纪人员需要协助承租方办理的事项是（　　）。
    A. 检查房屋内有关家具、电器等设施是否正常使用
    B. 协助完成燃气、有线电视等过户手续
    C. 记录水电燃气表等仪表读数
    D. 协助承租方点收钥匙，并在房屋附属设施、设备清单上签字

【答案】B
【解析】房地产经纪人员主要协助承租方完成以下事项：① 检查房屋内部是否完好，房屋内配备的家具、电器等设施能否正常使用；② 记录水、电、燃气表等仪表读数；③ 协助承租方点收钥匙，并在房屋附属设施、设备清单上签字确认。
【出处】《房地产经纪操作实务》（第四版）P12

核心知识点 6：新建商品房销售代理业务流程
新建商品房销售代理业务一般分为独家代理和共同（联合）代理两种形式。
新建商品房销售代理业务的基本流程包括：接受委托阶段→销售筹备阶段→现场销售阶段→协助签约阶段→结算佣金阶段。

1. 接受委托阶段
房地产经纪机构获取销售代理项目的方式可分为"主动寻找"和"被动接受"两种。新建商品房销售代理业务比较复杂，明确合同基本事项是签订销售代理合同的重要前提。

2. 销售筹备阶段
（1）制定营销策划方案
做好市场定位；制定营销策略；制定销售计划。
（2）准备销售资料
① 项目证明文件
重要的审批文件包括"五证""两书"。其中，"五证"指《不动产权证书》《建设用地规划许可证》《建设工程规划许可证》《建筑工程施工许可证》《商品房销售（预售）许可证》；"两书"指《住宅质量保证书》《住宅使用说明书》。
② 销售文件

价目表：最终确定并用于销售的价目表需要开发企业的有效盖章。

销控表：直接体现不同房号（单元）的销售情况，也是避免同一房号重复销售的重要工具之一。

客户置业计划：项目推向市场前应制订完整的客户置业计划，据此向购房人展示不同房屋在不同付款方式下所需支付的金额，有助于客户根据其经济实力选择所需房屋。

须知文件：包括购房须知、购房相关税费须知及抵押贷款须知。

商品房认购协议书或意向书：是买卖双方在签署商品房预售合同或买卖合同前所签订的文书，是双方交易房屋有关事宜的初步确认。

商品房买卖合同：买方决定购房后，要与房地产开发企业签订正式的买卖合同。

③ 宣传资料

宣传资料是将项目的定位、产品、建筑风格等信息，以画面、文字、图示的方式传递给客户，以提升客户对项目的感知，一般包括楼书、户型手册、宣传页、宣传片等。

（3）布置销售现场

（4）配备及培训销售人员

（5）积累客户

1. （多选题）下列文件中，属于宣传资料的是（　　）。
   A. 楼书　　　　　　　　　B. 宣传页
   C. 客户置业计划　　　　　D. 销控表
   E. 户型手册

【答案】ABE

【解析】宣传资料一般包括楼书、户型手册、宣传页、宣传片等。

【出处】《房地产经纪操作实务》（第四版）P16

【真题实测】

一、单选题（每个备选答案中只有一个最符合题意）

1. 根据房地产经纪活动所促成的房地产交易类型，可将房地产经纪业务分为房地产租赁经纪业务和（　　）。
   A. 房地产买卖经纪业务　　　B. 房地产贷款代办业务
   C. 房地产代理业务　　　　　D. 房地产登记代办业务

2. 新建商品房销售代理是指房地产经纪机构接受委托，按照房地产经纪服务合同的约定，以（　　）的名义销售商品房。
   A. 房地产经纪人员　　　　　B. 房地产经纪机构
   C. 房地产开发企业　　　　　D. 物业公司

3. 下列房地产经纪机构提供的服务中，不属于存量房租赁居间服务内容的是（　　）。
   A. 提供房源信息　　　　　　B. 提供客源信息
   C. 租金监管　　　　　　　　D. 协助订立房屋租赁合同

4. 存量房买卖居间业务基本流程的最后一个阶段是（　　）。
　　A. 带看阶段　　　　　　　　　　B. 洽谈阶段
　　C. 交割阶段　　　　　　　　　　D. 签约阶段
5. 在存量房租赁居间业务的签约阶段，房地产经纪人员除协助签订房屋租赁合同外，还需要协助（　　）。
　　A. 签订房屋装修合同　　　　　　B. 签订房屋买卖合同
　　C. 签订房屋资产托管合同　　　　D. 办理房屋租赁登记备案
6. 新建商品房销售中，对购买房屋有关事宜进行初步确认的文书是（　　）。
　　A. 商品房买卖合同　　　　　　　B. 商品房预售合同
　　C. 商品房认购协议书　　　　　　D. 交房通知书

二、多选题（每个备选答案中有两个或两个以上符合题意）

7. 房地产经纪机构在培训新建商品房销售人员时，主要的培训内容有（　　）。
　　A. 房地产开发企业基本情况　　　B. 销售项目基本情况
　　C. 销售技巧　　　　　　　　　　D. 签订买卖合同的程序
　　E. 房屋瑕疵回避方法
8. 下列房地产经纪人的工作中，属于存量房租赁居间（中介）经纪业务内容的有（　　）。
　　A. 发布房源信息　　　　　　　　B. 代办抵押贷款
　　C. 购房资格核验　　　　　　　　D. 房屋查验和交接
　　E. 办理不动产转移登记手续

【真题实测答案解析】

1.【答案】A
【解析】根据房地产经纪活动所促成的房地产交易类型，可分为房地产买卖经纪业务和房地产租赁经纪业务。
【出处】《房地产经纪操作实务》（第四版）P1

2.【答案】C
【解析】新建商品房销售代理是指房地产经纪机构接受委托，按照房地产经纪服务合同的约定，以房地产开发企业的名义销售商品房，并向开发企业收取佣金的行为。
【出处】《房地产经纪操作实务》（第四版）P2

3.【答案】C
【解析】租金监管不属于存量房租赁居间服务内容。
【出处】《房地产经纪操作实务》（第四版）P3

4.【答案】C
【解析】存量房买卖居间业务的基本流程可以分为五个阶段：接受委托阶段；调查推广阶段；匹配带看阶段；洽谈签约阶段；结算交验阶段。
【出处】《房地产经纪操作实务》（第四版）P3

5.【答案】D
【解析】租赁双方签订租赁合同后，房地产经纪人员应当协助租赁双方到市、县人民政府房地产管理部门办理租赁合同登记备案也可代办具体登记备案事项。

【出处】《房地产经纪操作实务》(第四版)P12

6.【答案】C

【解析】商品房认购协议书或意向书是买卖双方在签署商品房预售合同或买卖合同前所签订的文书,是对双方交易房屋有关事宜的初步确认。

【出处】《房地产经纪操作实务》(第四版)P16

7.【答案】ABCD

【解析】销售人员培训内容主要包括房地产开发企业基本情况、销售项目基本情况、销售技巧及签订买卖合同的程序等。

【出处】《房地产经纪操作实务》(第四版)P17

8.【答案】AD

【解析】在存量房租赁居间(中介)业务中,房地产经纪机构提供的服务主要包括:提供租赁信息;提供市场行情和相关政策咨询;房地产实地查看和权属调查;发布信息及进行广告宣传;协助议价、交易撮合、订立房屋租赁合同;代办房屋租赁合同备案手续;协助缴纳税费;协助交验房屋等。

【出处】《房地产经纪操作实务》(第四版)P3

【章节小测】

一、单选题(每个备选答案中只有一个最符合题意)

1. 根据房地产经纪服务的方式,房地产经纪业务可以分为房地产代理业务和( )。
   A. 房地产居间(中介)业务　　B. 住宅经纪业务
   C. 存量房经纪业务　　　　　　D. 房地产租赁经纪业务

2. 在房地产买卖居间业务中,下列信息不属于实地查看房屋中重点查看的信息的是( )。
   A. 房屋实物状况　　　　　　　B. 买方的主体资格
   C. 房屋区位状况　　　　　　　D. 房屋物业管理状况

3. 房地产经纪机构接受委托,按照房地产经纪服务合同的约定,以房地产开发企业的名义销售商品房,并向房地产开发企业收取佣金的经纪行为是( )。
   A. 存量房租赁居间　　　　　　B. 存量房买卖居间
   C. 存量房租赁代理　　　　　　D. 新建商品房销售代理

4. 存量房买卖居间(中介)的业务流程不包括( )阶段。
   A. 委托　　　　　　　　　　　B. 带看、洽谈
   C. 签约、交割　　　　　　　　D. 贷款

5. 新建商品房项目在销售时需出示的"两书"是指( )。
   A.《住宅质量保证书》和《销售计划书》
   B.《住宅使用说明书》和《销售计划书》
   C.《住宅质量保证书》和《住宅使用说明书》
   D.《房屋状况说明书》和《住宅质量保证书》

二、多选题（每个备选答案中有两个或两个以上符合题意）

6. 根据房地产经纪活动所促成房地产交易的类型，房地产经纪业务可以分为（　　）。
   A. 新建商品房经纪业务　　　　B. 存量房经纪业务
   C. 房地产买卖经纪业务　　　　D. 房地产租赁经纪业务
   E. 住宅经纪业务

7. 现阶段我国房地产经纪的主要业务类型有（　　）。
   A. 新建商品房买卖业务　　　　B. 新建商品房销售代理业务
   C. 存量房买卖居间业务　　　　D. 房地产贷款业务
   E. 存量房租赁居间业务

8. 在存量房买卖居间（中介）业务中，房地产经纪机构提供的服务内容主要包括（　　）。
   A. 提供买卖信息　　　　　　　B. 协助议价
   C. 订立房屋买卖合同　　　　　D. 协助交验房屋
   E. 市场调研等项目营销策划咨询

9. 房地产经纪人员在接待承租客户的过程中，通过与客户的接触，需了解和掌握的承租客户信息有（　　）。
   A. 工作职务　　　　　　　　　B. 租赁用途
   C. 心理价位　　　　　　　　　D. 社会关系
   E. 对承租房屋的要求

【章节小测答案解析】

1.【答案】A
【解析】根据房地产经纪服务的方式，可以分为房地产居间（中介）业务和房地产代理业务。在居间（中介）业务中，房地产经纪机构属于中立的第三方，只为房地产交易双方提供交易合同的订立机会或媒介服务；而在代理业务中，房地产经纪机构则是代表交易双方中某一方与另一方进行交易，通常可分为买方代理和卖方代理两类，房地产经纪机构只能代表交易双方中某一方的利益。
【出处】《房地产经纪操作实务》（第四版）P2

2.【答案】B
【解析】房地产经纪人员接受卖房委托后，要对房源进行现场查看，仔细核对所查看的房屋是否与房地产权属证书描述信息一致。重点了解房屋的实物状况、区位状况和物业管理状况。
【出处】《房地产经纪操作实务》（第四版）P6

3.【答案】D
【解析】新建商品房销售代理是指房地产经纪机构接受委托，按照房地产经纪服务合同的约定，以房地产开发企业的名义销售商品房，并向房地产开发企业收取佣金的经纪行为。
【出处】《房地产经纪操作实务》（第四版）P2

4.【答案】D

【解析】存量房买卖居间（中介）业务的基本流程可分为五个阶段：①接受委托阶段；②调查推广阶段；③匹配带看阶段；④洽谈签约阶段；⑤结算交验阶段。

【出处】《房地产经纪操作实务》（第四版）P3

5.【答案】C

【解析】重要的审批文件包括"五证""两书"，其中"两书"指《住宅质量保证书》《住宅使用说明书》。

【出处】《房地产经纪操作实务》（第四版）P15

6.【答案】CD

【解析】根据房地产交易的类型，可分为房地产买卖经纪业务和房地产租赁经纪业务。

【出处】《房地产经纪操作实务》（第四版）P1

7.【答案】BCE

【解析】现阶段我国房地产经纪实践中的主要业务类型有存量房买卖居间（中介）业务、存量房租赁居间（中介）业务和新建商品房销售代理业务。

【出处】《房地产经纪操作实务》（第四版）P2

8.【答案】ABCD

【解析】在存量房买卖居间（中介）业务中，房地产经纪机构提供的服务主要包括：提供买卖信息；提供交易流程、交易风险、市场行情和交易政策等咨询；房屋实地查看和权属调查；发布信息及进行广告宣传；协助议价、交易撮合、订立房屋买卖合同；代办抵押贷款（如有需要）；协助交易资金监管及结算；协助缴纳税费，代办不动产登记（如有需要）；协助交验房屋等。E项目营销策划咨询为新建商品房代理销售业务的服务内容。

【出处】《房地产经纪操作实务》（第四版）P3

9.【答案】BCE

【解析】承租客户接待中，接待客户的基本流程如下：沟通客户对房屋的需求；询问承租方租赁用途及心理价位；告知承租方经纪服务的内容、收费标准和支付时间。

【出处】《房地产经纪操作实务》（第四版）P10

第二章 房地产交易信息搜集、管理与利用

【章节导引】

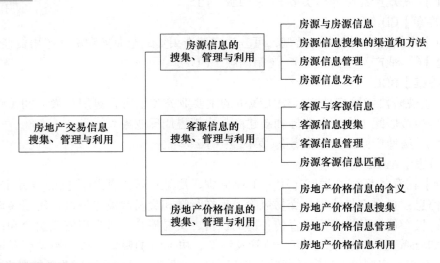

【章节核心知识点】

核心知识点 1：房源的属性

房源具有三大属性，物理属性、法律属性和心理属性。房源的物理属性是指房屋自身及周边环境的物理状态，它们决定了房源的使用价值，因此在一定的程度上决定了房源的市场价值。房源的法律属性主要包括房源的合法用途及其权属状况。房源的心理属性是指委托人在委托过程中的心理状态。

1.（单选题）房屋的地段、面积、朝向等在一定程度上决定房源的市场价值，这体现房源具有（　　）。

  A. 法律属性　　　　　　　　B. 物理属性
  C. 心理属性　　　　　　　　D. 价格属性

【答案】B

【解析】房源的物理属性是指房屋自身及周边环境的物理状态，如房屋的地段、建成年代、面积、朝向、户型和配套设施等，它们决定了房源的使用价值，因此在一定的程度上决定了房源的市场价值。

【出处】《房地产经纪操作实务》（第四版）P20

核心知识点 2：房源信息的含义和内容

房源信息通常是指与委托出售（或出租）房屋相关的信息。一个有效的房源信息，包括房地产权利人信息、房地产状况、挂牌要求等基本要素。

房地产权利人信息主要包括委托人的姓名、联系电话等。房地产状况包括房屋的实物状况、产权状况、区位状况和物业管理状况等。挂牌要求主要包括委托人确定的出售或出租价格，以及交房日期、税费支付方式等。

1.（单选题）房屋的产权状况属于房源信息基本要素中的（　　）。
　　A. 房地产权利人信息　　　　B. 房地产状况
　　C. 挂牌要求　　　　　　　　D. 权属证明材料
【答案】B
【解析】房地产状况包括房屋的实物状况、产权状况、区位状况和物业管理状况等。
【延展】房地产权利人信息主要包括委托人的姓名、联系电话等。挂牌要求主要包括委托人确定的出售或出租价格，以及交房日期、税费支付方式等。
【出处】《房地产经纪操作实务》（第四版）P21

核心知识点 3：房源信息搜集

房源信息搜集的渠道和方法包括：
（1）门店接待获取（比较传统，目前最常用的方式）；
（2）利用媒体获取，随着现代技术的发展，媒体中的网络媒体成为房源获取的主要渠道；
（3）电话接听获取（分为电话接待和致电客户获取两类）；
（4）通过熟人推荐获取，熟人推荐越来越受到房地产经纪机构的重视；
（5）社区维护获取（拥有较多优质房源的大型住宅区，房地产经纪人应重视这一获取方式的运用）；
（6）联系有关单位获取，有关单位是指拥有大量房地产的单位，如房地产开发企业、建筑施工企业、大型企事业单位、资产管理公司、金融机构等。

1.（单选题）目前最常用的房源信息搜集的渠道是（　　）。
　　A. 利用媒体获取　　　　　　B. 电话接听获取
　　C. 门店接待获取　　　　　　D. 通过熟人推荐获取
【答案】C
【解析】门店接待是较为传统的收集房源信息的方式，也是目前最常用的方式之一。
【出处】《房地产经纪操作实务》（第四版）P22

核心知识点 4：房源与客源信息的整理

房源信息的整理通常包括对房源信息的分类、记录和储存几个环节。
（1）房源信息的分类

分类依据	房源类型
交易次数	新建住房和二手住房
是否建成	新建商品住房可分为期房和现房
装修情况	毛坯房、简装房、精装房
建筑层数	平房和楼房
建筑高度	低层住宅、多层住宅、中高层住宅、高层住宅
建筑形式	独立式住宅、双拼式住宅、联排式住宅、叠拼式住宅、公寓式住宅
建筑密度	低密度住宅、高密度住宅
建筑结构	板式住宅、塔式住宅、塔板结合住宅
楼梯形式	单元式住宅、通廊式住宅、内天井住宅
用途	纯住宅、商住楼、酒店式公寓
产权及交易政策	原私有住房、已购公有住房、商品住房、限价商品住房、经济适用住房、公共租赁住房、廉租住房、未售公有住房、集资合作住房、定向安置房、农民住房等
享受的信贷、税收政策	普通住房和非普通住房

（2）房源信息的记录和储存
① 纸张载体，目前只有小型单店式房地产经纪机构还采用这种方式管理房源信息；
② 计算机，比"纸张载体"效率高，对于计算机联机系统而言，在信息共享方面存在较大的不足；
③ 计算机联机系统，目前许多大型房地产经纪机构所采用的房源信息处理方式，具有超大容量的信息存储、自动化的信息处理和快速传输等特性。
房源信息的整理通常包括对房源信息的分类、记录和储存几个环节。

1. （单选题）下列房源信息的管理行为，不属于房源信息整理的是（　　）。
   A. 分类　　　　　　　　　　B. 记录
   C. 储存　　　　　　　　　　D. 更新
【答案】D
【解析】房源信息的整理通常包括对房源信息的分类、记录和储存几个环节。
【出处】《房地产经纪操作实务》（第四版）P23

核心知识点 5：房源信息的共享

房源信息的共享形式目前主要有私盘制、公盘制两种模式。

（1）私盘制

优点：注重对卖方（或出租方）客户隐私的保护，服务质量高，客户体验较好。

缺点：工作效率低，成交速度较慢。

（2）公盘制

优点：工作效率高、成交速度快。

缺点：可能因频繁打扰卖方客户而降低客户服务体验。

1.（单选题）下列房源的共享形式中，最注重客户隐私保护的是（　　）。

　　A．私盘制　　　　　　　　B．公盘制
　　C．分区公盘制　　　　　　D．分区私盘制

【答案】A

【解析】私盘制的优点是注重对卖方（或出租方）客户隐私的保护，服务质量高，客户体验较好。

【出处】《房地产经纪操作实务》（第四版）P27

核心知识点6：房源状态

房源状态分为有效、定金、签约、无效四种。

处在可售或可租状态的房源，被称之"有效房源"。房地产经纪人员要根据每一次的房源带看结果及买卖（租赁）交易进程，录入相应的房源状态，从而实现房源信息的及时更新与循环利用。

房源委托人与客户签订了定金协议，房源将从有效状态转为定金状态；定金状态的房源若超过预定签约日期仍未签约，出现退定，则该房源变为有效状态；房源委托人与客户签订了交易合同，房源从有效或定金状态转为签约状态，至此交易终止，房源状态将变为无效状态。

1.（单选题）处在可售或可租状态的房源被称作（　　）。

　　A．有效房源　　　　　　　B．无效房源
　　C．定金房源　　　　　　　D．签约房源

【答案】A

【解析】处在可售或可租状态的房源被称作"有效房源"。已完成交易的房源或者由于其他原因停止出租与出售的房源属于"无效房源"。

【出处】《房地产经纪操作实务》（第四版）P28

核心知识点7：存量房房源信息发布的相关要求

存量房房源信息发布的基本要求是房源信息要全面和真实。

房源信息要全面是指房源信息必须包含必要的内容，即必要的房屋状况信息和租售价格信息。

必要的房屋状况信息包括房屋的地址、用途、面积、户型、楼层、朝向、装修、建成年份（代）、建筑类型、产权性质和有关图片；租售价格信息包括房屋出租人或者出售人所要求的租金或者售价。

房源信息要真实是指房源信息内容应当准确、客观。具体地，要符合依法可以租售、租售意思真实、房屋状况真实、租售价格真实、销售状态真实五个标准，这样才可以称为"真房源"。

1.（单选题）委托人要有权出售或出租房地产体现了房源信息的（　　）。
　　A. 依法可以租售　　　　　　B. 租售意思真实
　　C. 租售价格真实　　　　　　D. 租售状态真实
【答案】B
【解析】租售意思真实有两个要点：一是委托人要有权出售或出租该房地产，如果不是房地产所有权人，要依法办理授权委托公证手续；二是经纪机构要获得委托人的书面出售或出租委托公证。
【出处】《房地产经纪操作实务》（第四版）P29

核心知识点8：存量房与新建商品房房源信息发布的渠道

存量房房源信息发布的渠道主要有互联网和经纪门店。

首先是利用互联网，此类网站具有信息量大、便于查询、更新快、内容全面直观等优点，但有些网站不能与客户及时互动交流，且开发网站或信息发布的成本较高。

其次是房地产经纪门店，这种方式具有便于与客户互动交流、信息更新速度快等优点，但发布房源信息量较小。

新建商品房房源信息发布的常用渠道包括报纸，户外广告，互联网和电视等。

报纸是最传统的媒体，读者广泛而稳定、版面灵活、时效性强、成本低等优点，但有效时间短、感染力较差。

户外广告具有很好的形象展示性，但是限于安装等因素，户外广告牌不可能频繁更换，所以户外广告牌的有效时间长。这也决定了使用户外广告牌不能很随意，必须要慎重。

互联网渠道发布房地产广告具有传播范围广、交互性强、受众数量可准确统计等优点，但相比其他媒体，在一些特定地区或特定人群中互联网的覆盖率偏低。

电视广告具有普及率高、表现力强、推广迅速等优点，但制作程序比较烦琐，花费成本高。

1.（单选题）契合房地产市场的区域性的特点的房源信息发布渠道是（　　）。
　　A. 报纸　　　　　　　　　　B. 户外广告
　　C. 互联网　　　　　　　　　D. 电视广告
【答案】A
【解析】由于房地产市场的区域性，而报纸恰恰契合该特点，房地产经纪机构可以将代理的房源广告图文并茂地发布在报纸上。

【出处】《房地产经纪操作实务》（第四版）P32

核心知识点 9：新建商品房房源发布的相关要求

（1）房地产预售、销售广告，必须载明以下事项：① 开发企业名称；② 中介服务机构代理销售的，载明该机构名称；③ 预售或者销售许可证书号；

（2）房地产广告不得含有风水、占卜等封建迷信内容，对项目情况进行的说明、渲染，不得有悖社会良好风尚；

（3）房地产广告中涉及所有权或者使用权的，所有或者使用的基本单位应当是有实际意义的完整的生产、生活空间；

（4）房地产广告中对价格有表示的，应当清楚表示为实际的销售价格，明示价格的有效期限；

（5）房地产广告中的项目位置示意图，应当准确、清楚、比例恰当；

（6）房地产广告中涉及的交通、商业、文化教育设施及其他市政条件等，如在规划或者建设中，应当在广告中注明；

（7）房地产广告中涉及面积的，应当表明为建筑面积或者套内建筑使用面积；

（8）房地产广告涉及内部结构、装修装饰的，应当真实、准确；

（9）房地产广告中不得利用其他项目的形象、环境作为本项目的效果；

（10）房地产广告中使用建筑设计效果图或者模型照片的，应当在广告中注明；

（11）房地产广告中不得出现融资或者变相融资的内容；

（12）房地产广告中涉及贷款服务的，应当载明提供贷款的银行名称及贷款额度、年期；

（13）房地产广告中不得含有广告主能够为入住者办理户口、就业、升学等事项的承诺；

（14）房地产广告中涉及物业管理内容的，应当符合国家有关规定；涉及尚未实现的物业管理内容，应当在广告中注明；

（15）房地产广告中涉及房地产价格评估的，应当表明评估单位、估价师和评估时间；使用其他数据、统计资料、文摘、引用语的，应当真实、准确、表明出处。

请注意，上述内容中第（1）（2）（4）（5）（7）（11）（13）相对来说比较重要，建议大家重点学习。

1. （单选题）在新建商品房房源广告中，销售价格应明确表示为（　　）。
   A. 最低销售价格　　　　　　B. 销售价格范围
   C. 实际销售价格　　　　　　D. 可能销售价格

【答案】C

【解析】房地产广告中对价格有表示的，应当清楚表示为实际的销售价格，明示价格的有效期限。

【出处】《房地产经纪操作实务》（第四版）P31

核心知识点 10：客源信息搜集的渠道和方法

方法	优势	劣势
门店接待法	准确度高、较易展示企业形象、增加客户的信任感	受门店地理位置影响很大
广告法	获得的信息量大、受众面较广、效果比其他的方式要好很多、间接宣传和推广公司品牌	成本较高、时效性较差
互联网开发法	更新速度快、时效性强	信息难于突出、客户筛选难度大
老客户介绍法	成本很低、客户真实有效	需要长时间积累
人际关系法	成本小、简便易行、客户效率高、成交可能性大	需要具备交际沟通能力
讲座揽客法	发掘潜在客户、激发购房愿望、培养客户对公司服务的信赖、传播知识、减少未来交易难度	需要精心组织准备工作
会员揽客法	充分利用会员价值	成立客户会的难度大
团体揽客法	强强合作	需要大量公关工作

1.（单选题）能够较易展示企业形象，增加客户的信任感的客源搜集渠道是（　　）。
   A. 门店接待法　　　　　　　　B. 广告法
   C. 客户介绍法　　　　　　　　D. 讲座揽客法
【答案】A
【解析】门店接待法的优势有：准确度高、较易展示企业形象、增加客户的信任感。
【出处】《房地产经纪操作实务》（第四版）P37

核心知识点 11：客源开发的常用策略

（1）注重营销手段的运用；
（2）着力打造良好的客户关系；
（3）及时挖掘客户信息，一个成功的房地产经纪人员要随时随地、连续不断地发掘、收集客户信息，并形成习惯，这样才能积累足够多的客源；
（4）善用养客策略，养客是客源开拓中的重要策略，指的是房地产经纪人员将一个陌生的客户转化为积极购买者的过程；
（5）择机使用直接回应方法，直接回应策略的要点是提供有价值和有吸引力的卖点，只有目标客户才能回应并享受这一卖点。

1.（单选题）房地产经纪人员将陌生客户转化为积极购买者的过程是客源开发策略中的（　　）。
   A. 善用养客策略　　　　　　　　B. 及时挖掘客户信息
   C. 着力打造良好的客户关系　　　D. 注重营销手段的运用
【答案】A
【解析】养客是客源开拓中的重要策略，指的是房地产经纪人员将一个陌生的客户转化为积极购买者的过程。

【出处】《房地产经纪操作实务》（第四版）P38

核心知识点 12：房源客源匹配的步骤

房源客源匹配可按以下步骤进行：
（1）分析客源对房屋需求的刚性条件；
（2）分析客源对房屋需求的弹性条件；
（3）分析客源自身限制条件；
（4）筛选合适的房源（筛选房源的原则是：首先满足客户的刚性条件，不违背其限制条件，尽量满足弹性条件）；
（5）向客户推送合适的房源信息。

1. （单选题）房源客源匹配的原则是（　　）。
　　A. 首先满足客源的弹性条件，不违背刚性条件，尽量满足其限制条件
　　B. 首先满足客源的刚性条件，不违背弹性条件，尽量满足其限制条件
　　C. 首先满足客源的刚性条件，不违背其限制条件，尽量满足弹性条件
　　D. 首先满足客源的限制条件，不违背其刚性条件，尽量满足弹性条件
【答案】C
【解析】筛选房源的原则是首先满足客源的刚性条件、不违背其限制条件，尽量满足弹性条件。

【出处】《房地产经纪操作实务》（第四版）P45

核心知识点 13：房地产价格信息搜集

（1）政府主管部门网站（权威有效、时效性相对较差）；
（2）房地产经纪机构的成交实例（价格信息的真实反映，且时效性较强，但可能会有一定的误差）；
（3）通过交易当事人了解信息（通过交易当事人了解到的信息，应对其真实性和时效性做一定的评估）；
（4）相关机构的调研报告；
（5）房地产专业网站及移动 APP（房地产经纪专业网站及移动 APP 上还有许多其他房地产经纪人员的挂牌信息，此类信息由于仅是要价，并未真实成交，仅作为房地产经纪人员的参考价格）；
（6）报纸房地产专版。

1. （单选题）下列存量房价格信息的搜集渠道中，成交价格真实、时效性较强的是（　　）。
　　A. 询问历史交易当事人　　　　B. 房地产经纪机构的成交实例

C. 政府主管部门网站　　　　　　D. 报纸房地产专版

【答案】B

【解析】房地产经纪机构从事房地产经纪业务，每个月都有许多的成交实例，此类成交价格就是价格信息的真实反映，而且时效性较强。

【出处】《房地产经纪操作实务》(第四版) P47

核心知识点 14：房地产价格信息利用

（1）房地产价格同比增长率的计算：

房价同比增长率＝（今年某期的房地产价格－去年同期的房地产价格）/（去年同期房地产价格）×100%

（2）房地产价格环比增长率的计算：

环比增长率＝（某期的房地产价格－上个周期的房地产价格）/（上个周期房地产价格）×100%

1. （单选题）某城市某区域的住宅销售均价在 2017 年 2 月为 16000 元/m²，在 2018 年 1 月为 17350 元/m²，2018 年 2 月为 17600 元/m²，则 2018 年 2 月该住宅销售均价的同比增长率为（　　）。

A. 1.44%　　　　　　　　　　　B. 8.44%

C. 9.09%　　　　　　　　　　　D. 10.00%

【答案】D

【解析】同比增长率＝（今年某期的房地产价格－去年同期的房地产价格）/（去年同期房地产价格）×100%＝（17600－16000）/16000×100%＝10.00%。

【出处】《房地产经纪操作实务》(第四版) P50

【真题实测】

一、单选题（每个备选答案中只有一个最符合题意）

1. 有效房源信息的构成要素通常包括房地产权利人资料、房地产状况和（　　）。

A. 房屋的历史使用情况　　　　B. 卖方的心理价位

C. 房源的挂牌要求　　　　　　D. 房屋的历史成交价格

2. 下列房屋中，房地产经纪机构可作为房源出售的是（　　）。

A. 已出租的房屋　　　　　　　B. 已查封的房屋

C. 产权不清的房屋　　　　　　D. 已列入征收范围的房屋

3. 当房源委托人与买方签订了定金协议，房源状态的变化是（　　）。

A. 从有效状态转为无效状态　　B. 从有效状态转为定金状态

C. 从有效状态转为签约状态　　D. 从定金状态转为签约状态

4. 在存量房房源信息发布的渠道中，具有信息量大、便于查询、更新快、内容全面直观等优点的渠道是（　　）。

  A．报纸   B．宣传单
  C．互联网   D．经纪门店

5．下列客源信息搜集方法中，简单易行、准确度高、便于展示企业形象、增加客户信任感的方法是（　　）。
  A．广告法   B．门店接待法
  C．客户介绍法   D．互联网开发法

6．下列存量房价格信息的搜集渠道中，成交价格真实、时效性较强的是（　　）。
  A．询问历史交易当事人   B．房地产经纪机构的近期成交实例
  C．报纸房地产专版   D．相关机构的调研报告

7．王某购房的目的是改善"二孩"出生后的居住空间，则面积和户型是（　　）条件。
  A．附加   B．自身限制
  C．弹性   D．刚性

二、多选题（每个备选答案中有两个或两个以上符合题意）

8．房地产广告中不得出现的内容有（　　）。
  A．办理户口、就业、升学的承诺   B．建筑面积
  C．房屋风水   D．融资信息
  E．建筑设计效果图

9．以下新建商品房的房源广告，不符合相关法律法规要求的有（　　）。
  A．该小区风水上乘，龙居地脉，是难得的风水宝地
  B．买房即可落户B市
  C．入住即可就读S中学，享受名校教育
  D．小区周边有两条地铁线路在建设中
  E．购买本小区房产即可成为股东

【真题实测答案解析】

1．【答案】C
【解析】一个有效的房源信息包括房地产权利人信息、房地产状况、挂牌要求等基本要素。
【出处】《房地产经纪操作实务》（第四版）P21

2．【答案】A
【解析】在房地产经纪服务中，一宗房地产要成为房源，必须要具备两个条件：一是可依法在市场上进行交易，即能够出租转让和抵押，不得出租、转让、抵押的房屋不能成为房源；二是房屋权利人有交易的意愿，并采取了相应的委托行动。
【出处】《房地产经纪操作实务》（第四版）P20

3．【答案】B
【解析】房源委托人与客户签订了定金协议，房源将从有效状态转为定金状态。
【出处】《房地产经纪操作实务》（第四版）P28

4．【答案】C
【解析】利用互联网发布房源信息的优点有信息量大、便于查询、更新快、内容全面

而直观等。

【出处】《房地产经纪操作实务》(第四版) P30

5.【答案】B

【解析】门店接待法的优势有准确度高、较易展示企业形象、增加客户的信任感。

【出处】《房地产经纪操作实务》(第四版) P37

6.【答案】B

【解析】房地产经纪机构的成交实例的成交价格就是价格信息的真实反映，而且时效性较强。

【出处】《房地产经纪操作实务》(第四版) P47

7.【答案】D

【解析】有的客户买房是为了改善居住空间，那首先要满足房屋面积这一刚性条件。

【出处】《房地产经纪操作实务》(第四版) P45

8.【答案】ACD

【解析】B 房地产广告中涉及面积的，应当表明为建筑面积或者套内建筑使用面积；E 建筑设计效果图是可以出现在房地产广告中的。

【出处】《房地产经纪操作实务》(第四版) P31

9.【答案】ABCE

【解析】A 房地产广告不得含有风水、占卜等封建迷信内容；B、C 房地产广告中不得含有广告主能够为入住者办理户口、就业、升学等事项的承诺；D 房地产广告中涉及的交通、商业、文化教育设施及其他市政条件等，如在规划或者建设中，应当在广告中注明；E 房地产广告中不得出现融资或者变相融资的内容。

【出处】《房地产经纪操作实务》(第四版) P31

【章节小测】

一、单选题（每个备选答案中只有一个最符合题意）

1. 有效房源信息的构成要素通常包括房地产权利人资料、房地产状况和（　　）。
   A. 房屋具有合法产权　　　　B. 卖方的心理价位
   C. 挂牌要求　　　　　　　　D. 有房源钥匙

2. 在下列房地产价格信息的搜集渠道中，搜集到的信息权威有效，但时效性略有不足的渠道是（　　）。
   A. 房地产专业网站　　　　　B. 报纸房地产专版
   C. 政府主管部门网站　　　　D. 房地产经纪机构的成交实例

3. 房地产经纪机构为了保证"真房源"的做法，正确的是（　　）。
   A. 电话确认租售意思
   B. 及时撤下已签约的房源的租售状态真实
   C. 市场行情调整报价的价格真实
   D. 查看提供图片的状况真实

4. 以下不属于有效客源信息基本要素的是（　　）。

A．基础资料　　　　　　　　　　B．需求信息
C．交易信息　　　　　　　　　　D．购买意向

5．以下客源划分，按照客户购买目的划分的是（　　）。
   A．买房客户和租房客户　　　　　B．自用客户和投资客户
   C．住宅客户和写字楼客户　　　　D．高价位需求客户和低价位需求客户

6．下列几种房地产中，不可以作为房源的是（　　）。
   A．可依法出租的房屋　　　　　　B．可依法转让的房屋
   C．可依法抵押的房屋　　　　　　D．仅用于业主自住的房屋

7．对于购买需求不迫切、有一定购买力、要求较高的客户，房地产经纪人员应当（　　）。
   A．重点跟踪　　　　　　　　　　B．定期跟踪
   C．保持联系　　　　　　　　　　D．不再联系

二、多选题（每个备选答案中有两个或两个以上符合题意）

8．开发客源方法中的客户介绍法是房地产经纪人员通过自己服务过的老客户来介绍新客户，这种方法具有下列特点（　　）。
   A．时效性强　　　　　　　　　　B．成本很低
   C．客户真实有效　　　　　　　　D．更新速度快
   E．需要长时间积累

9．房地产价格信息的搜集渠道和方法主要有（　　）。
   A．政府主管部门网站
   B．房地产经纪机构的成交实例
   C．房地产交易当事人提供的信息
   D．房地产相关机构的调研报告
   E．房地产经纪人员根据自身的经验判断

10．在新建商品房房源信息发布渠道中，电视广告的优点有（　　）。
    A．普及率高　　　　　　　　　　B．表现力强
    C．推广迅速　　　　　　　　　　D．程序简单
    E．成本低廉

11．为了提高房源信息的发布效果，房地产经纪人员应当注意（　　）。
    A．简单介绍自己，保护个人隐私　　B．房源标题要突出房屋特点
    C．房源描述要条理清晰　　　　　　D．配好房屋图片
    E．单一渠道发布，针对指定客户

【章节小测答案解析】

1．【答案】C

【解析】一个有效的房源信息，包括房地产权利人信息、房地产状况、挂牌要求等基本要素。

【出处】《房地产经纪操作实务》（第四版）P21

2．【答案】C

【解析】政府部门所掌握的价格信息有以下两个特点：权威有效；时效性相对较差。
【出处】《房地产经纪操作实务》（第四版）P47

3.【答案】B
【解析】经纪机构要获得委托人的书面出售或出租委托公证，如果只是口头委托，经纪机构不得据此发布房源信息，故 A 错误。房源信息中的挂牌价，应当是委托人的真实报价，委托人的报价应当是当前有效的，故 C 错误。房地产经纪人员发布的房源信息应当是经实地查看和产权核验后确认无误的内容，不仅文字描述要真实，图片信息也要真实，故 D 错误。房源信息中的房屋是随时可以交易的，而不是已经签约的房屋，如果超过约定的期限，经纪人员应当及时将房源信息从各类发布渠道撤下，故 B 正确。
【出处】《房地产经纪操作实务》（第四版）P30

4.【答案】D
【解析】有效客源信息的基本要素为客源基础资料、客源需求信息、客源交易信息。
【出处】《房地产经纪操作实务》（第四版）P34

5.【答案】B
【解析】A 选项属于按照需求类型划分；B 选项属于按照客户购买目的划分；C 选项属于按照所需求的房地产类型划分；D 选项属于按照房地产价格区间划分。
【出处】《房地产经纪操作实务》（第四版）P40

6.【答案】D
【解析】若房屋权利人所持有房屋仅用于自住，并无交易意愿，则该房屋就不能成为房源。
【出处】《房地产经纪操作实务》（第四版）P20

7.【答案】B
【解析】对于购买（租赁）需求不迫切、有一定购买力、要求较高的客户，要定期跟踪，不断了解客户需求。
【延展】对于购买（租赁）需求强烈、有较强经济实力、预算合理的客户，要重点跟踪。对于根本无法成交的客户，要分析并告知其原因，注意保持联系，待时机成熟后促成交易。
【出处】《房地产经纪操作实务》（第四版）P34

8.【答案】BCE
【解析】老客户介绍法的优势包括成本很低、客户真实有效，房地产经纪人员资源积累越多，客源信息也就源源不断。
【出处】《房地产经纪操作实务》（第四版）P37

9.【答案】ABCD
【解析】房地产价格信息搜集的渠道和方法主要有：政府主管部门网站；房地产经纪机构的成交实例；通过交易当事人了解信息；相关机构的调研报告；房地产专业网站及移动 APP；报纸房地产专版。
【出处】《房地产经纪操作实务》（第四版）P47

10.【答案】ABC
【解析】通过电视发布房地产广告具有普及率高、表现力强、推广迅速等优点，但是制作程序比较烦琐,花费成本高。

【出处】《房地产经纪操作实务》(第四版)P32

11.【答案】BCD

【解析】为了提高房源信息的发布效果,房地产经纪人员在发布房源信息时,应特别注意以下几点:注意完善房地产经纪人员个人信息,经纪人员的信息越完善,越容易得到客户的关注与信任;重视房源标题,房源信息的标题要突出房屋特点,能吸引客户关注;写好房源描述,房源描述需要简单明了、重点突出、条理清晰;配好房屋图片;多渠道发布,并经常维护。

【出处】《房地产经纪操作实务》(第四版)P32~33

第三章 房地产经纪服务合同签订

【章节导引】

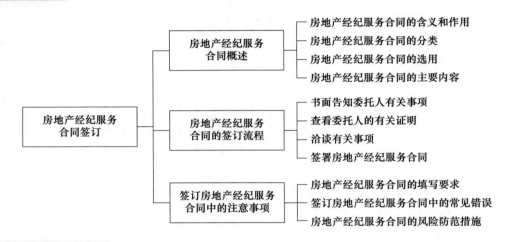

【章节核心知识点】

核心知识点 1：房地产经纪服务合同的主要类型

（1）按照提供房地产经纪服务的不同进行方式分类

可将房地产经纪服务合同划分为房地产居间（中介）合同和房地产代理合同。房地产居间（中介）合同是指房地产经纪机构向委托人报告订立房地产交易合同的机会或者提供订立合同的媒介服务，委托人支付报酬的合同。其目标是介绍委托人与第三人订立合同。房地产代理合同是指房地产经纪机构经委托人授权代理委托人与第三方进行房地产交易而与客户签订的合同。

（2）按照委托的事项或服务内容的不同进行分类

按照委托人委托的事项或要求提供的服务，房地产经纪服务合同可以分为房屋出售经纪服务合同、房屋出租经纪服务合同、房屋购买经纪服务合同和房屋承租经纪服务合同。

1. （多选题）按照委托的事项或服务内容，可以将房地产经纪服务合同分为（ ）。
   A. 房屋出售经纪服务合同 　　　　B. 房屋出租经纪服务合同
   C. 房屋购买经纪服务合同 　　　　D. 房屋承租经纪服务合同
   E. 房屋转让经纪服务合同

【答案】ABCD

【解析】按照委托人委托的事项或要求提供的服务，房地产经纪服务合同可以分为房屋出售经纪服务合同、房屋出租经纪服务合同、房屋购买经纪服务合同和房屋承租经纪服务合同。

【出处】《房地产经纪操作实务》（第四版）P54

核心知识点 2：房地产经纪服务合同的主要内容

《房屋出售经纪服务合同》包括十一条：① 房屋基本情况；② 委托挂牌价格；③ 经纪服务内容；④ 服务期限和完成标准；⑤ 委托权限；⑥ 经纪服务费用；⑦ 资料提供和退还；⑧ 违约责任；⑨ 合同变更和解除；⑩ 争议处理；⑪ 合同生效。

《房屋购买经纪服务合同》包括九条：① 房屋需求基本信息；② 经纪服务内容；③ 服务期限和完成标准；④ 经纪服务费用；⑤ 资料提供和退还；⑥ 违约责任；⑦ 合同变更和解除；⑧ 争议处理；⑨ 合同生效。

《房屋出租经纪服务合同》包括十一条：① 房屋基本情况；② 房屋出租基本要求；③ 经纪服务内容；④ 服务期限和完成标准；⑤ 委托权限；⑥ 经纪服务内容；⑦ 资料提供和退还；⑧ 违约责任；⑨ 合同变更和解除；⑩ 争议处理；⑪ 合同生效。

《房屋承租经纪服务合同》包括九条：① 房屋需求基本信息；② 经纪服务内容；③ 服务期限和完成标准；④ 经纪服务费用；⑤ 资料提供和退还；⑥ 违约责任；⑦ 合同变更和解除；⑧ 争议处理；⑨ 合同生效。

1.（多选题）中国房地产估价师与房地产经纪人学会发布的《房屋出售经纪服务合同》推荐文本的主要内容包括（　　）。

　　A. 房屋需求基本信息　　　　B. 经纪服务费用
　　C. 委托挂牌价格　　　　　　D. 服务期限和完成标准
　　E. 委托权限

【答案】BCDE

【解析】《房屋出售经纪服务合同》包括十一条：① 房屋基本情况；② 委托挂牌价格；③ 经纪服务内容；④ 服务期限和完成标准；⑤ 委托权限；⑥ 经纪服务费用；⑦ 资料提供和退还；⑧ 违约责任；⑨ 合同变更和解除；⑩ 争议处理；⑪ 合同生效。

【出处】《房地产经纪操作实务》（第四版）P55

核心知识点 3：书面告知委托人有关事项

根据《房地产经纪管理办法》，必要事项告知是房地产经纪机构在签订房地产经纪服务合同前应当履行的义务。需告知的必要事项内容主要包括：

（1）委托人需要协助的事宜、提供的资料；
（2）房地产经纪服务的内容及完成标准；
（3）房地产经纪服务收费标准和支付时间；
（4）是否与委托人或第三方存在有利害关系；
（5）委托房屋的市场参考价格；

（6）房屋交易的一般程序及可能存在的风险；
（7）房屋交易涉及的税费；
（8）交易资金交付；
（9）其他服务相关事项。

1．（多选题）房地产经纪机构在签订房地产经纪服务合同前需告知委托人的必要事项包括（　　）。
　　A．是否与委托房屋有利害关系
　　B．委托房屋的市场参考价格
　　C．交易可能存在的风险
　　D．房屋交易涉及的税费
　　E．房屋的物业情况
【答案】ABCD
【解析】需告知的必要事项内容主要包括：委托人需要协助的事宜、提供的资料；房地产经纪服务的内容及完成标准；房地产经纪服务收费标准和支付时间；是否与委托人或第三方存在有利害关系；委托房屋的市场参考价格；房屋交易的一般程序及可能存在的风险；房屋交易涉及的税费；交易资金交付；其他服务相关事项。
【出处】《房地产经纪操作实务》（第四版）P56～57

核心知识点4：交易资金交付

在房屋买卖活动中，交易资金通常包括定金、首付款（可能分成多期）、住房贷款、物业交割保证金、户口迁移保证金等。这些资金如何交付，是否需要监管，交易资金监管的部门及程序，都需要提前告知委托人。

1．（单选题）房屋买卖活动中，不属于交易资金的是（　　）。
　　A．定金　　　　　　　　　　B．佣金
　　C．首付款　　　　　　　　　D．贷款金额
【答案】B
【解析】佣金是房地产经纪机构提供房地产经纪服务的回报。在房屋买卖活动中，交易资金通常包括定金、首付款（可能分成多期）、住房贷款、物业交割保证金、户口迁移保证金等。
【出处】《房地产经纪操作实务》（第四版）P57

核心知识点5：房地产经纪服务内容

房地产经纪基本服务内容包括提供房地产市场信息、提供市场咨询、告知交易风险、协助实地看房、协助促成交易双方签订房地产交易合同、协助办理相关交易手续等。
延伸服务的内容包括房地产抵押贷款代办、不动产登记手续代办等。

服务类型	服务内容
房屋出售经纪服务	提供相关房地产信息咨询；办理房源核验，编制房屋状况说明书；发布房源信息，寻找意向购买人；接待意向购买人咨询和实地查看房屋；协助委托人与房屋购买人签订房屋买卖合同
房屋购买经纪服务	提供相关房地产信息咨询；寻找符合委托人要求的房屋和带领委托人实地查看；协助委托人查验房屋出售人身份证明和房屋产权状况；协助委托人办理购房资格核验；协助委托人与房屋出售人签订房屋买卖合同
房屋出租经纪服务	提供相关房地产信息咨询；编制房屋状况说明书；发布房源信息，寻找意向承租人；接待意向承租人和实地查看房屋；协助委托人与房屋承租人签订房屋租赁合同；协助委托人与房屋承租人交接房屋
房屋承租经纪服务	提供相关房地产信息咨询；寻找符合委托人要求的房屋和带领委托人实地查看；协助委托人与房屋出租人签订房屋租赁合同；协助委托人与房屋出租人交接房屋

1.（多选题）房屋出售经纪服务的内容主要有（　　）。
   A．房地产信息咨询　　B．协助委托人办理购房资格核验
   C．寻找意向购买人　　D．编制房屋状况说明书
   E．寻找符合委托人要求的房屋

【答案】ACD

【解析】房屋出售经纪服务的内容主要有：提供相关房地产信息咨询；办理房源核验，编制房屋状况说明书；发布房源信息，寻找意向购买人；接待意向购买人咨询和实地查看房屋；协助委托人与房屋购买人签订房屋买卖合同。

【出处】《房地产经纪操作实务》（第四版）P62

2.（单选题）下列服务不属于房地产经纪基本服务内容的是（　　）。
   A．提供房地产市场信息　　B．告知交易风险
   C．房地产抵押贷款代办　　D．协助实地看房

【答案】C

【解析】房地产经纪基本服务内容包括提供房地产市场信息、提供市场咨询、告知交易风险、协助实地看房、协助促成交易双方签订房地产交易合同、协助办理相关交易手续等。延伸服务的内容包括房地产抵押贷款代办、不动产登记手续代办等。

【出处】《房地产经纪操作实务》（第四版）P59

核心知识点6：收费标准及支付时间

目前，房地产经纪服务收费实行市场调节价。

在提供经纪服务的过程中，应严格执行明码标价制度，在经营场所的醒目位置公示价目表。

房地产经纪机构不得收取任何未标明的费用。

根据《中华人民共和国民法典》第九百六十三条规定，中介人促成合同成立的，委托人应当按照约定支付报酬。房地产经纪服务收费对应房地产交易合同的达成，反过来说，房地产经纪机构未能协助委托人订立房地产交易合同，或者订立的房地产交易合同无效，

如果责任不在委托人的话，房地产经纪机构就无权收取费用。因此，目前房地产经纪服务费用的支付时点通常为房地产交易合同签订之时。

1.（单选题）房地产经纪服务收费支付时间通常为（　　）。
   A. 手续办理完毕时　　　　　　　B. 委托开始时
   C. 房地产交易合同签订之时　　　D. 房地产经纪服务合同签订之时

【答案】C

【解析】目前经纪服务收费支付时间通常为房地产交易合同签订之时。

【出处】《房地产经纪操作实务》（第四版）P60

核心知识点 7：房屋基本情况填写

在《房屋出售经纪服务合同》《房屋出租经纪服务合同》中，权属证书编号、权利人共有情况、房屋坐落、规划用途、面积、户型、所在楼层、地上总层数等信息，根据权属证书填写。有无电梯、朝向或者上述信息在权属证书无记载的，根据实地查看情况填写。

在《房屋购买经纪服务合同》中，需求房屋的规划用途、所在区域、建筑面积、户型、朝向、有无电梯、价格范围、付款方式等信息，根据购买人提供并确认的信息填写。

在《房屋承租经纪服务合同》中，需求房屋的规划用途、所在区域、建筑面积、户型、朝向、有无电梯、租金范围、租赁期限、最晚入住日期、承租形式等信息，根据承租人提供并确认的信息填写。

1.（单选题）在《房屋购买经纪服务合同》中，由购买人确认后填写的信息不包括（　　）。
   A. 房屋的规划用途　　　　　　　B. 有无电梯
   C. 所在区域　　　　　　　　　　D. 权属证书号码

【答案】D

【解析】在《房屋购买经纪服务合同》中，需求房屋的规划用途、所在区域、建筑面积、户型、朝向、有无电梯、价格范围、付款方式等信息，根据购买人提供并确认的信息填写。

【出处】《房地产经纪操作实务》（第四版）P61

核心知识点 8：房地产经纪服务费用及其支付方式

服务费用是房地产经纪机构提供房地产经纪服务应得的服务报酬，由佣金和代办服务费两部分构成。

一般情况下，房地产经纪服务的完成以房地产交易合同签订为标志，房地产交易合同订立后就可以收取佣金，代办服务费用的收取标准和时点由当事人自行决定。

1.（单选题）一般情况下，房地产经纪服务的完成的标志是（　　）。

A. 手续办理完毕　　　　　　　B. 定金交付
C. 房地产交易合同签订　　　　D. 佣金交付

【答案】C
【解析】一般情况下，房地产经纪服务的完成以房地产交易合同（包括买卖合同和租赁合同）的签订为标志。
【出处】《房地产经纪操作实务》（第四版）P63

【真题实测】

一、单选题（每个备选答案中只有一个最符合题意）

1. 签订房地产经纪服务合同的主体是（　　）。
   A. 房屋买卖双方　　　　　　B. 房屋租赁双方
   C. 房地产经纪机构和委托人　D. 房地产经纪机构和房地产经纪人员

2. 下列房地产经纪机构所提供的服务项目中，按照服务性质，属于其他服务的是（　　）。
   A. 提供房地产市场信息　　　B. 协助实地看房
   C. 协助签订房地产交易合同　D. 代办房地产抵押贷款

3. 关于房地产经纪服务合同签名的说法，正确的是（　　）。
   A. 只能由房地产经纪人签名
   B. 不能由房地产经纪人协理签名
   C. 只能由一名房地产经纪人或一名房地产经纪人协理签名
   D. 可以由一名房地产经纪人或两名房地产经纪人协理签名

4. 签订房地产经纪服务合同的作用主要是（　　）。
   A. 节约时间
   B. 多收佣金
   C. 约束交易双方的行为
   D. 明确房地产经纪机构和委托方的权利与义务

5. 关于房地产经纪服务合同内容的说法，错误的是（　　）。
   A. 委托人可以是企业
   B. 委托事项可以是出售或出租房屋
   C. 不必注明服务费用
   D. 需要注明承办的经纪人员的职业资格登记或备案号码

6. 房地产经纪服务的报酬通常由佣金和（　　）两部分构成。
   A. 贷款费　　　　　　　　　B. 代办服务费
   C. 搬家费　　　　　　　　　D. 解除抵押手续费

二、多选题（每个备选答案中有两个或两个以上符合题意）

7. 在签订房地产经纪服务合同前，房地产经纪人员应告知卖方的事项有（　　）。
   A. 房屋交易的一般程序及可能存在的风险
   B. 房屋交易涉及的税费

C. 房地产经纪服务收费标准

D. 房屋未来的收益率

E. 委托房屋的市场参考价格

8. 中国房地产估价师与房地产经纪人学会发布的房地产经纪业务合同推荐文本有（　　）。

A. 房屋出售经纪服务合同　　B. 房屋购买经纪服务合同

C. 房屋出租经纪服务合同　　D. 房屋承租经纪服务合同

E. 房屋销售经纪服务合同

【真题实测答案解析】

1.【答案】C

【解析】房地产经纪服务合同是指房地产经纪机构和委托人之间就房地产经纪服务合同相关事宜订立的协议。

【出处】《房地产经纪操作实务》（第四版）P53

2.【答案】D

【解析】其他服务也称为延伸服务，服务的内容主要包括房地产抵押贷款代办、不动产登记手续代办等。

【出处】《房地产经纪操作实务》（第四版）P60

3.【答案】D

【解析】房地产经纪服务合同应由承办该业务的一名房地产经纪人或两名房地产经纪人协理签名。

【出处】《房地产经纪操作实务》（第四版）P64

4.【答案】D

【解析】房地产经纪服务合同的主要作用包括：确立了房地产经纪机构与委托人之间的委托关系；明确了房地产经纪机构和委托人的权利和义务；建立了房地产经纪机构和委托人之间解决纠纷和争议的有效依据。

【出处】《房地产经纪操作实务》（第四版）P53

5.【答案】C

【解析】房地产经纪服务费用由谁支付、收费标准以及支付方式，房地产经纪人员应向委托人进行说明，由委托人确认后，填写到合同中。

【出处】《房地产经纪操作实务》（第四版）P63

6.【答案】B

【解析】服务费用就是房地产经纪机构提供房地产经纪服务应得的服务报酬，由佣金和代办服务费两部分构成。

【出处】《房地产经纪操作实务》（第四版）P63

7.【答案】ABCE

【解析】房屋未来的收益率不属于签订房地产经纪服务合同前房地产经纪人员应告知卖方的事项。

【出处】《房地产经纪操作实务》（第四版）P56

8.【答案】ABCD

【解析】中国房地产估价师与房地产经纪人学会发布的房地产经纪业务合同推荐文本有《房屋出售经纪服务合同》《房屋购买经纪服务合同》《房屋出租经纪服务合同》《房屋承租经纪服务合同》。

【出处】《房地产经纪操作实务》(第四版)P55

【章节小测】

一、单选题(每个备选答案中只有一个最符合题意)

1. 按照委托的事项分,房地产经纪机构和房屋承购人之间就委托购买房屋有关事宜订立的协议是( )。
   A. 房屋出售经纪服务合同   B. 房屋出租经纪服务合同
   C. 房屋购买经纪服务合同   D. 房屋承租经纪服务合同

2. 按照服务性质,房地产经纪机构所提供的服务项目可分为基本服务项目和其他服务。下列服务项目中属于延伸服务的是( )。
   A. 告知交易风险   B. 提供市场咨询
   C. 提供房地产市场信息   D. 房地产抵押贷款代办

3. 除房地产经纪机构与委托人自行约定服务收费的支付时间外,根据《民法典》的规定和实践中通行的做法,服务收费的支付时间一般在( )。
   A. 交易双方完成过户时   B. 签订房地产经纪服务合同时
   C. 房地产交易合同签订时   D. 房地产交易过户申请时

4. 以下不能防范房地产经纪服务合同的相关风险的是( )。
   A. 签订合同前经过充分协商
   B. 使用经纪机构自行拟定的合同文本
   C. 明确经纪服务合同履行与交易合同履行的关系
   D. 积极履行调查审核的义务

5. 房地产经纪业务按照经纪服务方式可分为( )。
   A. 居间(中介)业务和代理业务
   B. 住宅房地产经纪业务、商业房地产经纪业务、工业房地产经纪业务
   C. 转让经纪业务、租赁经纪业务、抵押经纪业务
   D. 出租经纪业务、出售经纪业务、购买经纪业务、承租经纪业务

二、多选题(每个备选答案中有两个或两个以上符合题意)

6. 下列选项属于房地产经纪服务合同作用的有( )。
   A. 确立房地产经纪机构与委托人之间的委托关系
   B. 确立买卖双方之间的买卖关系
   C. 明确房地产经纪机构与委托人的权利和义务
   D. 建立房地产经纪机构与委托人之间解决纠纷和争议的有效依据
   E. 确立租赁双方的租赁关系

7. 房地产经纪机构和委托人签订经纪服务合同前应当书面告知委托人有关事项。下列事项中属于应当书面告知的事项有( )。

A. 应当由委托人协助的事宜、提供的资料
B. 房屋交易的一般程序和可能存在的风险
C. 违约责任
D. 委托事项
E. 房屋交易涉及的税费和房款交付事项

8. 房地产经纪服务合同通常需要以书面形式签订，为了使签订的合同具有法律效力，合同上必须有（   ）。
A. 委托人签字
B. 房地产经纪机构盖章
C. 房地产经纪人员签名
D. 房地产经纪机构法人签名
E. 房地产经纪人员的登记号和身份证号

9. 在签订房地产经纪服务合同中常见的错误主要包括（   ）。
A. 证件信息填写有误   B. 合同服务内容未明确界定
C. 合同有效期限未标明   D. 买卖交易价格不明确
E. 格式合同空白处留白

10. 在签订房地产经纪服务合同的过程中，必须告知委托人的有（   ）。
A. 房屋交易的一般程序及可能存在的风险
B. 房屋交易涉及的税费
C. 房地产经纪服务收费标准
D. 未来房屋价格的涨跌
E. 委托房屋的市场参考价格

【章节小测答案解析】

1. 【答案】C
【解析】房屋购买经纪服务合同，是指房地产经纪机构和房屋购买人之间就委托购买房屋有关事宜订立的协议。
【出处】《房地产经纪操作实务》（第四版）P54

2. 【答案】D
【解析】延伸服务的内容包括房地产抵押贷款代办、不动产登记手续代办等。
【出处】《房地产经纪操作实务》（第四版）P60

3. 【答案】C
【解析】据《民法典》的规定，房地产经纪服务收费对应房地产交易合同的达成，反过来说，房地产经纪机构未能协助委托人订立房地产交易合同，或者订立的房地产交易合同无效，如果责任不在负责人的话，房地产经纪机构就无权收取费用。
【出处】《房地产经纪操作实务》（第四版）P60

4. 【答案】B
【解析】使用经纪机构自行拟定的合同文本可能因合同不规范而产生纠纷，建议使用示范文本。

【出处】《房地产经纪操作实务》（第四版）P65

5.【答案】A

【解析】房地产经纪业务按照经纪服务方式，分为房地产居间（中介）合同和房地产代理合同。

【出处】《房地产经纪操作实务》（第四版）P54

6.【答案】ACD

【解析】B 属于买卖合同确立的内容；E 属于租赁合同确立的内容。

【出处】《房地产经纪操作实务》（第四版）P53

7.【答案】ABE

【解析】需书面告知的必要事项内容主要包括：委托人需要协助的事宜、提供的资料；房地产经纪服务的内容及完成标准；房地产经纪服务收费标准和支付时间；是否与委托人或第三方存在有利害关系；委托房屋的市场参考价格；房屋交易的一般程序及可能存在的风险；房屋交易涉及的税费；交易资金交付；其他服务相关事项

【出处】《房地产经纪操作实务》（第四版）P56

8.【答案】ABCE

【解析】房地产经纪服务合同通常不需要机构法人签名。

【出处】《房地产经纪操作实务》（第四版）P64

9.【答案】ABCE

【解析】在签订房地产经纪服务合同中常见的错误主要包括：证件信息填写有误、合同服务内容未明确界定、合同有效期限未标明、格式合同空白处留白。

【出处】《房地产经纪操作实务》（第四版）P64～65

10.【答案】ABCE

【解析】经纪公司不能保证未来房屋价格的涨跌。

【出处】《房地产经纪操作实务》（第四版）P56

第四章　房屋实地查看

【章节导引】

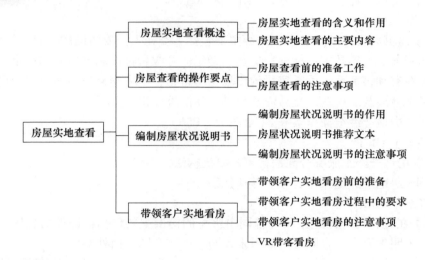

【章节核心知识点】

核心知识点 1：房屋实地查看的含义和作用

房屋实地查看通常包括两种情形：① 房地产经纪人员自行对房屋进行查看，简称房屋查看或空看；② 房地产经纪人员带领客户实地查看房屋，简称为带客看房或带看。俗话说"百闻不如一见""眼见为实"，房屋尤其如此，因为房屋具有独一无二的特性。

只有通过房屋实地查看，房地产经纪人员才能够全面掌握房屋除产权状况外的其他基本状况，包括区位状况、实物状况、物业管理状况、家具家电配置、房屋已发生的相关使用费用等事项。

房屋实地查看是房地产经纪人员促成房地产买卖、租赁业务不容忽视的工作步骤，也是与客户建立情感联系、促成双方交易的关键环节。

1.（单选题）与客户建立感情联系，促成交易的关键环节是（　　）。
　　A. 搜集资源　　　　　　　　　　B. 实地查看
　　C. 谈判　　　　　　　　　　　　D. 签约
【答案】B
【解析】房屋实地查看是房地产经纪人员促成房地产买卖、租赁业务不容忽视的工作步骤，也是与客户建立情感联系、促成双方交易的关键环节。

【出处】《房地产经纪操作实务》(第四版) P69

核心知识点 2：房屋实地查看的主要内容

房屋买卖经纪服务中的实地查看主要包括四个方面：房屋区位状况，实物状况，物业管理状况，其他状况等；

房屋租赁经纪服务中的实地查看主要包括五个方面：房屋区位状况，实物状况，家具、家电配置情况，房屋使用相关费用，其他情况等。

（1）房屋区位状况实地查看的内容
① 坐落；② 楼层；③ 朝向；④ 交通设施；⑤ 环境状况；⑥ 嫌恶设施；⑦ 景观状况；⑧ 配套设施。

（2）房屋实物状况查看的内容
① 建筑规模；② 空间布局；③ 房屋用途；④ 层高或室内净高；⑤ 房龄；⑥ 装饰装修；⑦ 设施设备；⑧ 通风、保温、隔热、隔声、防水等情况；⑨ 梯户比。

（3）房屋物业管理状况查看的内容
① 物业服务企业名称；
② 物业服务费标准和服务项目；
③ 基础设施的维护情况和小区环境的整洁程度。

1．（多选题）房屋买卖经纪服务中的实地查看主要包括（　　）。
　　A．房屋区位状况　　　　　　B．实物状况
　　C．配置家具、家电情况　　　D．物业管理状况
　　E．房屋使用相关费用
【答案】ABD
【解析】房屋买卖经纪服务中的房屋实地查看主要包括四个方面的内容：房屋区位状况、实物状况、物业管理状况、其他状况查看等。房屋租赁经纪服务中的房屋实地查看主要包括五个方面的内容：房屋区位状况、实物状况、家具、家电配置情况、房屋使用相关费用、其他状况查看等。
【出处】《房地产经纪操作实务》(第四版) P70

2．（单选题）房屋区位状况查看的内容不包括（　　）。
　　A．坐落　　　　　　　　　　B．交通设施
　　C．朝向　　　　　　　　　　D．空间布局
【答案】D
【解析】房屋区位状况查看的内容包括坐落，楼层，朝向，交通设施，环境状况，嫌恶设施，景观状况，配套设施。空间布局是房屋实物状况查看的内容。
【出处】《房地产经纪操作实务》(第四版) P70

3．（多选题）房屋实物状况查看的内容包括（　　）。
　　A．建筑规模　　　　　　　　B．空间布局
　　C．层高　　　　　　　　　　D．装饰装修

E. 景观状况

【答案】ABCD

【解析】房屋实物状况查看的内容包括：建筑规模；空间布局；房屋用途；层高或室内净高；房龄；装饰装修；设施设备；通风、保温、隔热、隔声、防水等情况；梯户比。

【出处】《房地产经纪操作实务》（第四版）P71

核心知识点3：房屋实地查看前的准备工作

房地产经纪人员在房屋查看前，应做好以下相关准备工作：

（1）通过网络等途径，对委托房屋的地理位置、交通情况、周边环境、商业配套、教育配套、医疗配套等进行初步了解，并做好记录；

（2）提前与委托人约定房屋实地查看的时间；

（3）询问委托人房屋的具体详细位置；

（4）备好房屋实地查看的工具；

（5）备好《房屋状况说明书》。

1. （多选题）房屋实地查看前，房地产经纪人员应做好的准备工作有（　　）。

    A. 通过网络途径，对房屋初步了解　　B. 提前约定看房时间
    C. 询问委托人房屋的大概位置　　D. 备好工具
    E. 备好《房源信息登记表》

【答案】ABD

【解析】房地产经纪人员在房屋查看前，应做好以下相关准备工作：①通过网络等途径，对委托房屋的地理位置、交通情况、周边环境、商业配套、教育配套、医疗配套等进行初步了解，并做好记录；②提前与委托人约定房屋实地查看的时间；③询问委托人房屋的具体详细位置；④备好房屋实地查看的工具；⑤备好《房屋状况说明书》。

【出处】《房地产经纪操作实务》（第四版）P72~73

核心知识点4：房屋查看的注意事项

（1）房屋区位状况查看的注意事项

① 关注房屋附加价值；

② 注重对嫌恶设施的调查；

③ 关注景观状况；

④ 拍摄反映区位状况的照片。

（2）房屋实物状况查看的注意事项

① 若房屋在一层，要特别注意下水是否畅通，是否有异味；

② 查看房顶是否漏水；

③ 户型是否方正；

④ 采光状况；

⑤关注电梯质量；
⑥拍摄反映实物状况的照片。
（3）房屋物业管理状况实地查看的注意事项
①亲身感受物业人员服务状况；
②查看物业管理水平；
③观察雨后情形；
④关注晚上的情形。

1. （多选题）下列属于房屋区位状况查看注意事项的是（　　）。
   A. 关注房屋附加值　　　　　B. 采光状况
   C. 调查嫌恶设施　　　　　　D. 户型是否方正
   E. 关注景观状况

【答案】ACE
【解析】房屋区位状况查看的注意事项包括：关注房屋附加价值；注重对嫌恶设施的调查；关注景观状况；拍摄反映区位状况的照片。
【出处】《房地产经纪操作实务》（第四版）P73

2. （单选题）房屋物业管理状况实地查看的注意事项不包括（　　）。
   A. 亲身感受物业人员服务状况　　B. 电梯是否老化
   C. 观察雨后情形　　　　　　　　D. 观察通风情况

【答案】D
【解析】房屋物业管理状况实地查看的注意事项有：亲身感受物业人员服务状况；查看物业管理水平；观察雨后情形；关注晚上情形。通风情况属于房屋实物状况查看的内容。
【出处】《房地产经纪操作实务》（第四版）P74

核心知识点 5：编制房屋状况说明书的作用

编制房屋状况说明书对房地产经纪机构有着重要意义，表现在：
（1）加强对委托房屋状况的全面认识；
（2）强化客户对经纪服务的认同和信赖；
（3）降低房地产交易风险；
（4）防范房地产交易有关纠纷；
（5）积累房地产基础数据。

1. （单选题）编制房屋状况说明书的意义不包括（　　）。
   A. 加强对委托房屋状况的全面认识
   B. 强化客户对经纪服务的认同和信赖
   C. 降低房地产交易成本
   D. 防范房地产交易有关纠纷

【答案】C

【解析】编制房屋状况说明书对房地产经纪机构有着重要意义，表现在：加强对委托房屋状况的全面认识；强化客户对经纪服务的认同和信赖；降低房地产交易风险；防范房地产交易有关纠纷；积累房地产基础数据。

【出处】《房地产经纪操作实务》（第四版）P75

核心知识点 6：编制房屋状况说明书的注意事项

房地产经纪机构在编制房屋状况说明书时，需要注意下列事项：
（1）根据亲自查看的情况，真实描述、详细记录房屋状况和信息。
（2）房屋产权信息、房屋交易信息，是房地产经纪人员根据房屋权利人提供的资料或说明编写的，但要到登记部门核实权益状况是否真实。
（3）房屋状况说明书应及时更新。
（4）房屋状况说明书编制及更新要经委托人签字确认，房地产经纪机构盖章后生效。

1．（单选题）关于编制房屋状况说明书需要注意的事项，下列说法错误的是（　　）。
　　A．根据亲自查看的情况，真实、详细地记录房屋状况
　　B．房屋产权状况等信息要与委托人核实权益状况是否真实
　　C．房屋状况说明书应及时更新
　　D．房屋状况说明书编制及更新要经委托人签字确认

【答案】B

【解析】房屋产权信息、房屋交易信息，房地产经纪人员需要根据房屋权利人提供的资料或说明编写，但要到登记部门核实权益状况是否真实。

【出处】《房地产经纪操作实务》（第四版）P81

核心知识点 7：带领客户实地看房前的准备

（1）与客户约好看房时间（约定具体的时间点）。
（2）与业主约好看房时间（宜约定时间段）。
（3）谨慎约定见面地点，因客户可能不熟悉带看房屋地址，经纪人员应同客户约定在房屋周边的地标附近见面，如大型超市、商场、学校、公园等。
（4）带领客户实地看房前的准备工作。
① 事先熟悉周边环境和房源；② 了解交易的背景或原因；③ 事先熟悉带看的路线；④ 带齐物品；⑤ 备足时间。

1．（单选题）房地产经纪人员与客户约定看房时，应（　　）。
　　A．约定一个确定的时间点　　　B．给出两个时间点让客户选择
　　C．约定一个大概的时间段　　　D．直接询问客户什么时间有空

【答案】B

【解析】与客户约定看房时间时，房地产经纪人员可以设定两个时间让客户选，成功的概率比较大。比如"不知您今天下午四点还是五点有时间看房？"

【出处】《房地产经纪操作实务》（第四版）P82

核心知识点 8：带领客户实地看房过程中的要求

（1）带看途中注重同客户的沟通交流；

（2）看房时提醒客户不要与业主直接谈价格；

（3）看房时行走楼体、搭乘电梯都要注意客户安全、同时及时为客户指引路线；

（4）进入带看房屋向客户介绍房地产时，对于优点，需要重点推介；对于缺点，要实事求是予以说明，并给出合理建议；

（5）房地产经纪人员应根据房屋状况说明书中记录的信息，一次性地书面告知买方其意向房源的基本情况及产权状况。

1.（单选题）房地产经纪人带客看房过程中的具体要求不包括（　　）。

　　A. 带看途中要注意与客户交谈

　　B. 提醒客户不要与业主在看房时直接谈价格

　　C. 一次性地书面告知买方其意向房源的基本情况及产权状况

　　D. 介绍房屋时，向客户介绍优点，避开缺点

【答案】D

【解析】进入带看房屋向客户介绍房地产时，对于优点，需要重点说明；对于缺点，要实事求是予以说明，并给出合理建议，不能对缺点避而不谈。

【出处】《房地产经纪操作实务》（第四版）P83

核心知识点 9：带领客户实地看房的注意事项

（1）有效约看。约客户看房时避免开放性问题，如"您什么时候有空看房"。

（2）大方沟通。经纪人员要不断积累专业知识，见面前做足准备，与客户大方沟通。

（3）挖掘需求。客户的需求包括：价格、面积、楼层和户型；购房的目的和动机；支付方式与资金预算等。

（4）及时回访。带看后，房地产经纪人员一定要根据实际情况安排回访，询问客户购房意向。

1.（单选题）房地产经纪人员带领客户实地看房的注意事项不包括（　　）。

　　A. 有效约看　　　　　　　B. 与客户沟通时保持严肃

　　C. 挖掘需求　　　　　　　D. 及时回访

【答案】B

【解析】带领客户实地看房的注意事项：有效约看；大方沟通；挖掘需求；及时回访。

【出处】《房地产经纪操作实务》（第四版）P84

【真题实测】

一、单选题（每个备选答案中只有一个最符合题意）

1. 房地产经纪人员对委托房屋的电梯配置情况与性能的检查，属于房屋（ ）实地查看。
   A. 区位状况   B. 物业管理状况
   C. 实物状况   D. 交易状况

2. 下列房地产信息中，不体现在房屋状况说明书中的是（ ）。
   A. 装饰装修状况   B. 规划用途
   C. 房屋评估价格   D. 是否产权共有

3. 房地产经纪人员对委托销售房屋的周边交通条件、环境和景观等进行的实地查看，是房屋的（ ）状况查看。
   A. 自然   B. 实物
   C. 区位   D. 物业管理

4. 下列房地产经纪活动中，有助于房地产经纪机构积累房地产基础数据的是（ ）。
   A. 发布房源信息
   B. 签订房地产经纪服务合同
   C. 使用房地产经纪服务合同推荐文本
   D. 编制房屋状况说明书

5. 带领客户实地看房后，房地产经纪人员应当（ ）。
   A. 让其交意向金   B. 逼迫客户购买
   C. 及时回访客户   D. 让其交看房费

二、多选题（每个备选答案中有两个或两个以上符合题意）

6. 房地产经纪人员进行房屋实物状况查看时应注意的事项有（ ）。
   A. 下水是否畅通   B. 房顶是否漏水
   C. 窗外景观如何   D. 下水道是否有异味
   E. 采光是否良好

7. 房地产经纪人员带领客户实地看房应做的铺垫工作有（ ）。
   A. 了解交易背景或原因   B. 提醒业主掩盖房屋漏水的瑕疵
   C. 事先熟悉带看的路线   D. 带齐看房所需的各种物品
   E. 预留充足时间

【真题实测答案解析】

1.【答案】C
【解析】房屋实物状况查看的内容包括对设施设备的查看，对设施设备的查看又包括给水、排水、采暖、通风与空调、燃气、电梯、互联网等内容的查看。
【出处】《房地产经纪操作实务》（第四版）P71

2.【答案】C
【解析】房地产交易涉及交易金额巨大，房屋产权状况、交易条件、嫌恶设施等方面任何信息偏差都可能引发交易风险,给当事人带来重大经济损失。通过编制房屋状况说明书,掌握房屋真实状况,有效降低交易风险。

【出处】《房地产经纪操作实务》(第四版)P75

3.【答案】C

【解析】房屋区位状况查看的内容包括坐落、楼层、朝向、交通设施、环境状况、嫌恶设施、景观状况和配套设施等。

【出处】《房地产经纪操作实务》(第四版)P70

4.【答案】D

【解析】编制房屋状况说明书有助于房地产经纪机构积累房地产基础数据,建立数据库。

【出处】《房地产经纪操作实务》(第四版)P75

5.【答案】C

【解析】带看后,房地产经纪人员一定要根据实际情况安排回访,询问客户意向。

【出处】《房地产经纪操作实务》(第四版)P84

6.【答案】ABDE

【解析】房屋实物状况查看的注意事项包括:① 若房屋在一层,要特别注意下水是否畅通,是否有异味;② 查看房顶是否漏水;③ 户型是否方正;④ 采光状况;⑤ 关注电梯质量;⑥ 拍摄反映实物状况的照片。

【出处】《房地产经纪操作实务》(第四版)P73

7.【答案】ACDE

【解析】房地产经纪人员带领客户实地看房应做的准备工作有:事先熟悉周边环境和房源;了解交易的背景或原因;事先熟悉带看的路线;带齐物品;备足时间。

【出处】《房地产经纪操作实务》(第四版)P82

【章节小测】

一、单选题(每个备选答案中只有一个最符合题意)

1. 下列不属于房屋实地查看前必要准备工作的是(   )。

 A. 通过网络途径了解房屋的地理位置,交通情况等

 B. 提前与委托人预约房屋实地查看的时间

 C. 备好实地查看的工具

 D. 备好买卖合同

2. 提前与委托人约定房屋实地查看的时间,最好能分成两个阶段,至少在(   )前预约一个看房时间,然后在看房的(   )再确认。

 A. 一周前,前三天   B. 一周前,前一天

 C. 三天前,前两天   D. 三天前,前一天

3. 房地产经纪人员对委托销售房屋的建筑规模、空间布局、房屋用途以及设备设施及装饰装修情况等所进行的实地调查称为(   )查看。

 A. 房屋的自然状况   B. 房屋的实物状况

 C. 房屋的区位状况   D. 房屋物业管理状况

4. 房地产经纪人员在实地查看房屋后,需要编制（　　）。
   A. 房屋装修说明书　　　　　　　　B. 房屋使用说明书
   C. 房屋状况说明书　　　　　　　　D. 房屋权属说明书
5. 房地产经纪人员在向买方告知其拟选定的房屋的基本情况时,应该采取（　　）。
   A. 一次性口头通知方式　　　　　　B. 一次性书面告知方式
   C. 根据客户情况,分次告知　　　　D. 根据客户情况,有所保留地告知

二、多选题（每个备选答案中有两个或两个以上符合题意）

6. 在房地产经纪服务过程中,房屋实地查看主要包括（　　）。
   A. 开发企业状况　　　　　　　　　B. 交易情况
   C. 房屋区位状况　　　　　　　　　D. 实物状况
   E. 物业管理状况
7. 下列选项中属于带客户看房的过程中应当注意的事项有（　　）。
   A. 路上保持安静,给予客户一定的空间
   B. 进入带看房屋向客户介绍房地产时,对于优点要着重说明
   C. 一次性书面告知客户其拟选定的房屋的基本情况
   D. 提醒客户不要与业主在看房时直接谈价格
   E. 进出电梯、楼梯要注意客户安全
8. 房地产经纪人在房屋实地查看中,带领客户实地看房的注意事项有（　　）。
   A. 有效约看　　　　　　　　　　　B. 大方沟通
   C. 及时回访　　　　　　　　　　　D. 挖掘需求
   E. 代拟交易合同
9. 中国房地产估价师与房地产经纪人学会发布的《房屋状况说明书（房屋买卖）》版本中,包含的内容有（　　）。
   A. 房屋产权状况　　　　　　　　　B. 房屋实物状况
   C. 区位状况　　　　　　　　　　　D. 配置家具家电
   E. 房屋使用相关费用
10. 房地产经纪人员进行房屋区位状况查看时,应查看的内容有（　　）。
    A. 具体地点　　　　　　　　　　　B. 建筑结构
    C. 交通设施　　　　　　　　　　　D. 房屋建成年代
    E. 嫌恶设施

【章节小测答案解析】

1.【答案】D
【解析】买卖合同尚不属于实地查看阶段的必备要件。
【出处】《房地产经纪操作实务》（第四版）P72
2.【答案】D
【解析】提前与委托人约定房屋实地查看的时间。因为当今社会人们工作繁忙,"提前"最好能分为两个步骤,至少在三天前预约一个看房时间,然后在看房的前一天提醒并加以确认。

【出处】《房地产经纪操作实务》（第四版）P73

3.【答案】B

【解析】房屋实物状况查看的内容主要包括：建筑规模；空间布局；房屋用途；层高或室内净高；房龄；装饰装修；设施设备；通风、保温、隔热、隔声、防水等情况；梯户比。

【出处】《房地产经纪操作实务》（第四版）P71

4.【答案】C

【解析】房地产经纪机构与委托人签订房屋出售、出租经纪服务合同，应当查看委托出售、出租的房屋及房地产权属证书，委托人的身份证明等有关资料，并应当编制房屋状况说明书。

【出处】《房地产经纪操作实务》（第四版）P75

5.【答案】B

【解析】房地产经纪人员要向买方一次性书面告知其拟选定房屋的房屋状况说明书中的基本情况与重要产权状况。

【出处】《房地产经纪操作实务》（第四版）P83

6.【答案】CDE

【解析】在房地产经纪服务过程中，房屋实地查看主要包括房屋区位状况、实物状况和物业管理状况。

【出处】《房地产经纪操作实务》（第四版）P69

7.【答案】BCDE

【解析】A选项中，路上应当多交谈，显示专业水平。

【出处】《房地产经纪操作实务》（第四版）P83

8.【答案】ABCD

【解析】带领客户实地看房的注意事项：有效约看；大方沟通；挖掘需求；及时回访。

【出处】《房地产经纪操作实务》（第四版）P84

9.【答案】ABC

【解析】《房屋状况说明书（房屋买卖）》的内容包括：房屋基本状况、房屋产权状况、房屋实物状况、房屋区位状况、需要说明的其他事项共五部分；《房屋状况说明书（房屋租赁）》的内容包括：房屋基本情况，房屋实物情况，房屋区位情况，配置家具、家电，房屋使用相关费用，需要说明的其他事项共六部分。

【出处】《房地产经纪操作实务》（第四版）P76

10.【答案】ACE

【解析】房屋区位状况查看的主要内容包括坐落、楼层、朝向、交通设施、环境状况、嫌恶设施、景观状况、配套设施。

【出处】《房地产经纪操作实务》（第四版）P70

第五章　房地产交易合同代拟

【章节导引】

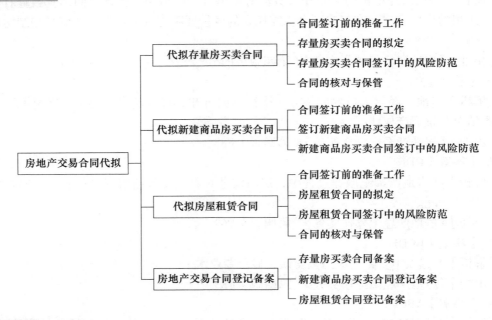

【章节核心知识点】

核心知识点 1：存量房买卖合同签订前的准备工作

小核心知识点 1-1：准备签约材料

在正式签订存量房买卖合同前，经纪人员需要告知买卖双方准备好签约所需的材料如下：

（1）买卖双方的有效身份证明；

（2）房地产权属证书原件；

（3）央产房、军产房等特殊房屋，需提供可以交易的上市审批证明以及物业服务费、供暖费等相关费用结清证明；

（4）房地产共有的，需要提供其他共有人同意出售的证明；

（5）不符合"满五唯一"条件的商品房，要提供卖方买入房产的总房款发票、契税完税证明，以便于测算税款；

（6）可交易主体资格证明，如买卖双方是否属于限购、限售的对象及其他限制交易的情况（如失信被执行人）；

（7）房屋是否设有居住权、有关房屋租赁情况和抵押情况的说明，承租方放弃优先购买权的声明。

1.（单选题）在正式签订存量房买卖合同前，不需要买卖双方准备的材料是（　　）。
    A. 买卖双方的有效身份证明
    B. 房地产权属证书原件
    C. 房屋买卖合同示范文本
    D. 房地产共有的，需要提供其他共有人同意出售的证明
【答案】C
【解析】在代拟存量房买卖合同前，经纪人告知买卖双方需要准备的签约材料包括：买卖双方有效身份证明；房地产权属证书原件；央产房、军产房等特殊房屋，需提供可以交易的上市审批证明以及物业服务费、供暖费等相关费用结清证明；房地产共有的，需要提供其他共有人同意出售的证明；不符合"满五唯一"条件的商品房，要提供卖方买入房产的总房款发票、契税完税证明以便于测算税款；可交易主体资格证明，如买卖双方是否属于限购、限售的对象及其他限制交易的情况（如失信被执行人）；房屋是否设有居住权、有关房屋租赁情况和抵押情况的说明，承租方放弃优先购买权的声明。
【出处】《房地产经纪操作实务》（第四版）P87

小核心知识点 1-2：推荐合同文本
（1）示范合同文本，经纪人员应首先推荐使用行业主管部门制定的示范合同文本。
（2）房地产经纪机构提供的合同文本，依照该规定，合同中的一方使用自己制作的合同文本时，一旦有争议，将对制作合同方不利。因此，当因合同约定不明或者产生争议而诉讼到法院时，经纪机构作为合同制定方，很可能得到法院作出的对其不利的裁决。
（3）买卖双方自拟或者委托律师拟定合同，这种情况在实践中并不多见。

1.（单选题）在房地产经纪机构提供合同文本的情况下，经纪机构作为制定合同的一方当事人，对于合同条款一旦发生争议，法院可能做出不利于（　　）一方的解释。
    A. 买方   B. 卖方
    C. 房地产经纪机构   D. 房地产管理部门
【答案】C
【解析】在房地产经纪机构提供合同文本的情况下，经纪机构作为制定合同的一方当事人，对于合同条款一旦发生争议，法院可能做出不利于房地产经纪机构一方的解释。
【出处】《房地产经纪操作实务》（第四版）P88

小核心知识点 1-3：提示合同当事人注意主体资格
房地产经纪人员必须就合同的主要条款向双方当事人进行说明和解释，并根据经验将实践中常出现的签约问题告诉双方，如应特别提示签字生效后需要承担的法律责任；当事人须具有完全民事行为能力，其签订的合同才具有法律效力，否则，买卖双方应该依法委托代理人，并需要办理合法的委托手续等。

一般情况下，没有特别约定，合同自双方当事人签字盖章时生效。

1.（单选题）一般情况下，没有特别约定，房屋买卖合同的生效时间是（　　）。
   A. 双方当事人签字盖章时
   B. 买方支付定金时
   C. 卖方收取定金时
   D. 房地产经纪人员通知买卖双方可以签订合同的时间

【答案】A
【解析】一般情况下，没有特别约定，合同自双方当事人签字盖章时生效。
【出处】《房地产经纪操作实务》（第四版）P89

小核心知识点 1-4：解释国家和地方有关法律、规定和政策

依据《民法典》，重大误解、欺诈、胁迫使对方违背真实意愿实施的行为，可以申请撤销；一方利用对方处于危困状态、缺乏判断力，致使民事法律行为成立时显失公平，可以申请撤销；可撤销的民事法律行为，一方有权请求人民法院或者仲裁机关予以变更或者撤销。被撤销的民事行为从行为开始起无效。违反法律、法规强制性规定（效力性）、违背公序良俗、恶意串通、损害他人合法权益的行为无效。无民事行为能力人实施的行为、限制民事行为能力人依法不能独立实施的、虚假的民事法律行为无效。

1.（多选题）下列合同中，属于可申请撤销的有（　　）。
   A. 因重大误解订立的合同　　　　B. 在订立合同时显失公平的合同
   C. 违背公序良俗的　　　　　　　D. 违反法律强制性规定的
   E. 恶意串通损害他人合法权益的

【答案】AB
【解析】依据《民法典》，重大误解、欺诈、胁迫使对方违背真实意愿实施的行为，可以申请撤销；一方利用对方处于危困状态、缺乏判断力，致使民事法律行为成立时显失公平，可以申请撤销；可撤销的民事法律行为，一方有权请求人民法院或者仲裁机关予以变更或者撤销。被撤销的民事行为从行为开始起无效。违反法律、法规强制性规定（效力性）、违背公序良俗、恶意串通、损害他人合法权益的行为无效。无民事行为能力人实施的行为、限制民事行为能力人依法不能独立实施的、虚假的民事法律行为无效。
【出处】《房地产经纪操作实务》（第四版）P91

2.（单选题）在正式签订存量房买卖合同前，房地产经纪人员需要做的准备工作不包括（　　）。
   A. 解释国家和地方有关法律、规定和政策
   B. 提示合同当事人注意主体资格
   C. 推荐合同文本
   D. 说明认购书或意向书的作用

【答案】D
【解析】在代拟存量房买卖合同中，合同签订前的准备工作包括：准备签约材料；推

荐合同文本；提示合同当事人注意主体资格；解释国家和地方有关法律、规定和政策。D选项属于新建商品房买卖合同签订前的准备工作。

【出处】《房地产经纪操作实务》（第四版）P86～90

核心知识点 2：存量房买卖合同风险防范的方法

（1）法律责任提醒：在签订合同时，应重点提示当事人各自的义务和责任。

（2）定金条款和定金罚则提示：根据我国《民法典》规定，给付定金的一方不履行约定的义务或者履行义务不符合约定的，无权要求返还定金；收受定金的一方不履行约定的义务或者履行义务不符合约定的，应当双倍返还定金。实际交付定金改变了约定的定金数额的，以改变后的定金数额为准。

（3）补充协议签章的提示：在空白处注明"以下空白"字样或打叉划掉。如果合同的某些条款经双方同意进行涂改，则所有涂改之处也需双方签章确认。

（4）相关图纸与附件的约定与确认：根据原房屋来源的不同，房屋的相关图纸如平面图、户型图、管线图等应附在合同内，以便于交付后的使用和维护。如果原房屋为商品房，则应同时交付原有的"两书"（《住宅使用说明书》和《住宅质量保修书》，下同）。如果图纸和附件直接附于合同中，应视为买卖合同的组成部分。

（5）产权过户与费用结算的提示：房屋交付有两层含义，一是实物交付，即房屋交付给买方；二是权利交付，即将所有权转移至买方名下，完成房屋所有权转移登记。

（6）交付风险与责任提示。

（7）装修处理及附属设施设备的处理。

（8）权利瑕疵的说明：卖方的权利瑕疵担保是指卖方担保其出卖房屋的所有权完全转移于买方，其他任何人不能对房屋主张任何权利，即卖方需要保证其出卖的房屋不存在任何产权纠纷。

（9）税费承担方式的说明。

（10）争议处理方式的选择：目前示范合同中大多规定有非诉讼方式（如协商、调解、仲裁）和诉讼（法院起诉）方式供当事人选用。

1. （多选题）下列合同风险防范手段中，适用于存量房买卖的有（　　）。
   A. 权利瑕疵的说明
   B. 优先购买权的提示
   C. 相关图纸与附件的约定与确认
   D. 面积误差条款的约定
   E. 相关税费的负担与前期物业管理的约定

【答案】AC

【解析】存量房买卖合同风险方法包括：法律责任提示；定金条款和定金罚则提示；补充协议签章的提示；相关图纸与附件的约定与确认；产权过户与费用结算的提示；交付的风险与责任提示；装修处理及附属设施设备的处理；权利瑕疵的说明；税费的承担方式说明；争议处理方式的选择。B选项为租赁合同的风险防范，D、E选项为新建商品房买卖合同风险防范的手段。

【出处】《房地产经纪操作实务》（第四版）P96～99

2.（单选题）李某购买王某一套房屋，合同约定定金为20万元，李某实际只支付了10万元定金，并且王某也接受了，后王某违约，则王某应返还给李某的定金数额为（　　）。

A. 10万元　　　　　　　　　　B. 20万元
C. 30万元　　　　　　　　　　D. 40万元

【答案】B

【解析】根据我国《民法典》规定，收受定金的一方不履行约定的义务或者履行义务不符合约定的，应当双倍返还定金。实际交付定金改变了约定的定金数额的，以改变后的定金数额为准。故王某应返还给李某20万元定金。

【出处】《房地产经纪操作实务》（第四版）P96

核心知识点3：代拟新建商品房买卖合同签订前的准备

（1）向买方披露与开发企业的关系；
（2）介绍项目详情及物业管理情况；
（3）提供项目查询服务；
（4）说明认购协议书或者意向书的作用；
（5）推荐买卖合同文本；
（6）解释商品房销售的法律规定。

1.（多选题）房地产经纪人员代拟新建商品房买卖合同，签约前要做的准备有（　　）。

A. 提供项目查询服务　　　　　　B. 向买方披露与开发企业的关系
C. 说明认购协议书或意向书的作用　D. 介绍项目详情及物业管理情况
E. 提示当事人主体资格

【答案】ABCD

【解析】房地产经纪人员代拟新建商品房买卖合同签订前的准备包括：向买方披露与开发企业的关系；介绍项目详情及物业管理情况；提供项目查询服务；说明认购协议书或意向书的作用；推荐买卖合同文本；解释商品房销售的法律规定。E选项属于代拟存量房买卖合同签订前的准备。

【出处】《房地产经纪操作实务》（第四版）P100～102

核心知识点4：签订新建商品房买卖合同

按照有关规定，预售的项目是未通过竣工验收的，应签订商品房买卖（预售）合同。现售的项目是已经通过竣工验收的，应签订商品房买卖（现售）合同。

商品房预售、现售合同主要内容：
（1）当事人名称或者姓名和住所；

（2）商品房基本状况；
（3）商品房的销售方式；
（4）商品房价款的确定方式及单价、总价款、付款条件、付款方式、付款时间；
（5）交付使用条件及日期；
（6）装饰、装修及设备标准承诺；
（7）供水、供电、供热、燃气、通信、道路、绿化等配套基础设施和公共设施的交付承诺和有关权益、责任；
（8）公共配套建筑的产权归属；
（9）面积差异的处理方式；
（10）办理产权登记有关事宜；
（11）解决争议的方法；
（12）违约责任；
（13）双方约定的其他事项。

1. （多选题）新建商品房买卖合同的主要内容包括（　　）。
   A. 当事人名称　　　　　　　　B. 面积差异的处理方式
   C. 周边交通状况　　　　　　　D. 公共配套建筑的产权归属
   E. 办理产权登记有关事宜

【答案】ABDE
【解析】周边交通状况不属于新建商品房买卖合同的主要内容。
【出处】《房地产经纪操作实务》（第四版）P103

核心知识点 5：商品房买卖（预售）合同风险防范

房地产经纪机构需要特别注意，在商品房销售合同签章时，不仅需要预售方在合同上加盖开发企业的公章，还需要该房地产开发企业法定代表人的签字（章）。
（1）土地与开发情况说明。
（2）房屋图纸与结构的确认。
（3）宣传资料与广告明示的内容写入合同，经纪人员应该告知买方保存好售楼书及有关的销售广告。
（4）面积误差条款的约定。在签订预售合同时，预售商品房的销售面积是预测的。最后结算的面积以房地产权属证书所记载的面积为准，而房地产权属证书所记载的面积则为实测面积。
（5）合同备案的约定。
（6）相关费用的承担与前期物业管理的约定。
（7）交付和保修及风险责任的约定。
（8）定金罚则的提示。
（9）合同附件和补充条款的说明。所有的补充条款需要双方当事人同意并签章。经纪人员在签约时应提示当事人如合同中附有图纸的，均需要双方签字并且盖骑缝章。

1. (单选题)为防范风险,商品房销售广告和宣传资料中所明示的事项应（　　）。
   A. 告知购房人即可　　　　B. 及时更改
   C. 写入合同　　　　　　　D. 与合同分离

【答案】C
【解析】为防范风险,商品房销售广告和宣传资料中所明示的事项应写入合同。
【出处】《房地产经纪操作实务》(第四版)P104

2. (多选题)关于新建商品房买卖合同签订中相关图纸处理方式的说法,正确的是（　　）。
   A. 不需要开发企业签章确认
   B. 需要买卖双方签章
   C. 合同重要内容的房屋结构与图纸一致
   D. 图纸交给买方即可
   E. 房屋相关图纸一般作为合同附件

【答案】BCE
【解析】房屋相关的图纸一般作为合同附件。为避免交易纠纷,经纪人员应告知买方,图纸应经双方认可并签章,特别是需要开发企业的签章确认,也要提示当事人注意:作为合同重要内容的房屋结构与图纸的一致性。如开发企业修改设计方案也需告知买方,买方有权选择退房或者继续履行合同。
【出处】《房地产经纪操作实务》(第四版)P104

核心知识点6：租赁合同签订前的准备工作

（1）实地查看和如实介绍房屋使用状况。
（2）提示双方注意房屋设施设备状况。
（3）解释有关房屋租赁的主要规定和特别规定。租赁期限不得超过20年,超过20年的,超过部分无效。租赁期间届满,当事人可以续订租赁合同,但约定的租赁期限自续订之日起不得超过20年。
（4）推荐租赁合同文本。为避免经纪机构和经纪人员牵扯到当事人的纠纷中去,应选择使用示范合同文本。

1. (单选题)根据《民法典》,房屋租赁合同最长期限不得超过（　　）。
   A. 10年　　　　　　　　　B. 15年
   C. 20年　　　　　　　　　D. 30年

【答案】C
【解析】租赁期限不得超过20年。超过20年的,超过部分无效,租赁期间届满,当事人可以续订租赁合同,但约定的租赁期限自续订之日起不得超过20年。
【出处】《房地产经纪操作实务》(第四版)P109

核心知识点 7：房屋租赁合同的主要内容

房屋租赁当事人的姓名（名称）和住所；房屋的坐落；出租房屋的户（套）型、面积（明确是使用面积或者是建筑面积）、结构；附属设施设备、家具和家电等室内设施状况；房屋租金及支付方式和押金数额、押金支付方式；租赁用途和房屋使用要求；房屋和室内设施的安全、环保性能；租赁期限；房屋维修责任；物业管理、水、电、燃气、网络、有线电视等相关费用的缴纳；违约责任和争议解决办法；其他约定。

1. （多选题）下列合同约定内容属于房屋租赁合同的有（　　）。
   A. 租赁期限
   B. 房屋的坐落
   C. 房屋维修责任
   D. 面积差异的处理方式
   E. 公共配套的产权归属

【答案】ABC

【解析】房屋租赁合同一般包括下列内容：房屋租赁当事人的姓名和住所；房屋的坐落；出租房屋的户型、面积、结构；附属设施设备、家具和家电等室内设施状况；房屋租金及支付方式和押金数额、押金支付方式；租赁用途和房屋使用要求；房屋和室内设施的安全、环保性能；租赁期限；房屋维修责任；物业管理、水、电、燃气、网络、有线电视等相关费用的缴纳；违约责任和争议解决办法；其他约定。

【出处】《房地产经纪操作实务》（第四版）P110

核心知识点 8：房屋租赁合同风险防范

（1）租赁合同效力的提示。同一房屋订立数份租赁合同，在合同均有效的情况下，按下列顺序确定履行合同的承租人：① 已经合法占有租赁房屋的；② 已经办理登记备案手续的；③ 合同成立在先的。

（2）租赁押金的支付与押金作用说明。

（3）装饰装修与设施设备处理的约定。

（4）租金交付方式的说明。

（5）维修责任的约定。如没有特别的约定，维修责任应当由出租人承担。

（6）税费责任的约定。纳税是出租人的义务。

（7）物业服务费等费用缴纳的约定。通常水、电、燃气、有线电视、电话、网络等费用均是由承租人缴纳。

（8）转租约定的提示。没有约定可以转租的，承租人不能转租。

（9）安全责任与风险责任提示。房屋和设施设备正常使用下的风险一般由出租人承担；非正常使用产生的风险应由承租人承担。

（10）租赁合同终止时的责任约定。

（11）补充协议的签章。

（12）优先购买权提示。下列情况下，房屋承租人的优先购买权法院不予保护：① 房屋按份共有人行使优先购买权的；② 出租人将房屋出卖给近亲属的；③ 出租人履行通知义务后，承租人在 15 日内未明确表示购买。

（13）租赁房屋安全和群租风险。出租住房的，应当以原设计的房间为最小出租单位，人均租住建筑面积不得低于当地人民政府规定的最低标准。厨房、卫生间、阳台和地下储藏室不得出租供人居住。

（14）约定房屋征收时的处理办法。

（15）租赁期限届满的约定。如果租赁期限届满，双方没有续签合同，但承租人继续居住或者使用房屋，出租人没有提出异议的，原租赁合同继续有效，租赁期限为不定期。

1.（单选题）租赁房屋正常使用过程中发生的维修费用，如无约定，通常的负担方式是（　　）。
　　A. 从押金中扣除　　　　　　　B. 承租人承担
　　C. 住房维修基金中支出　　　　D. 出租人承担

【答案】D

【解析】房地产经纪人员应该提醒出租人确保其提供的房屋和附属设施设备等（如燃气灶、热水器）符合安全要求。当事人通常可在合同中做如下约定：房屋和设施设备正常使用下的风险一般由出租人承担；非正常使用产生的风险应由承租人承担。

【出处】《房地产经纪操作实务》（第四版）P112

2.（单选题）下列分别与同一房屋产权人订立了有效房屋租赁合同的承租人中，应被房屋产权人优先履行合同的是（　　）。
　　A. 已经办理登记备案手续的李某　　B. 已经合法占有租赁房屋的赵某
　　C. 合同成立在先的王某　　　　　　D. 客观上最有需要的张某

【答案】B

【解析】按照有关司法解释，同一房屋订立数分租赁合同，在合同均有效的情况下，按下列顺序确定履行合同的承租人：已经合法占有租赁房屋的；已经办理登记备案手续的；合同成立在先的。

【出处】《房地产经纪操作实务》（第四版）P111

核心知识点 9：房地产交易合同登记备案

1. 存量房买卖合同备案

（1）存量房买卖合同网签和备案：① 明确合同网签备案的业务规范；② 告知买卖双方网上备案的程序；③ 协助当事人准备网签的材料。

（2）协助当事人办理备案后的相关手续。

2. 新建商品房买卖合同登记备案，包括办理商品房买卖合同网签手续和商品房买卖合同登记备案。

3. 房屋租赁合同登记备案

① 告知当事人（网上）备案的要求；② 协助当事人办理房屋租赁网签备案；③ 提醒当事人法律责任的承担。

1.（多选题）下列文件中，需要到房地产管理部门进行备案的是（　　）。
   A. 新建商品房买卖合同　　　　　B. 商品房认购协议书
   C. 商品房认购意向书　　　　　　D. 存量房买卖合同
   E. 房屋租赁合同
【答案】ADE
【解析】新建商品房买卖合同、存量房买卖合同和房屋租赁合同需要登记备案。
【出处】《房地产经纪操作实务》（第四版）P114

【真题实测】

一、单选题（每个备选答案中只有一个最符合题意）

1. 房地产经纪人员在指导当事人填写示范合同文本时，应告知买卖双方：对于合同中虽未写入但需要明确的事项，可以签订（　　）。
   A. 注释条款　　　　　　　　　　B. 附加条款或者补充协议
   C. 意向书　　　　　　　　　　　D. 预约合同

2. 某市房地产管理部门发布了存量房买卖合同示范文本，该市房地产经纪人员为买卖双方选定交易合同的做法，正确的是（　　）。
   A. 建议选用房地产管理部门制定的示范合同
   B. 要求买卖双方各自委托律师拟定合同
   C. 要求买卖双方自行拟定合同
   D. 强制使用房地产经纪机构提供的合同

3. 买卖双方均具有房屋买卖合同签约主体资格的是（　　）。
   A. 买方：本人，9岁；卖方：本人，20岁
   B. 买方：本人，9岁；卖方：代理人，无委托手续
   C. 买方：本人，精神病人；卖方：代理人，有合法委托手续
   D. 买方：父母代签，5岁，能提供父母子女关系证明；卖方：本人，18岁

4. 在新建商品房交易中，定金合同或定金条款生效的前提是（　　）。
   A. 实际交付订金　　　　　　　　B. 实际交付定金
   C. 交付了首付款　　　　　　　　D. 进行了交易资金监管

5. 通常情况下，出租房屋及其设施设备的维修责任由（　　）承担。
   A. 出租人　　　　　　　　　　　B. 承租人
   C. 物业服务企业　　　　　　　　D. 房地产经纪机构

二、多选题（每个备选答案中有两个或两个以上符合题意）

6. 房屋租赁合同的内容一般应包括（　　）。
   A. 房屋租赁当事人的姓名（名称）和住所
   B. 房屋的坐落
   C. 租赁用途和房屋使用要求
   D. 租赁期限
   E. 室外设施状况

7. 在签订存量房买卖合同之前，房地产经纪人员需提醒买卖双方准备的签约资料有（　　）。
   A. 买卖双方的身份证明
   B. 房地产权属证明
   C. 卖方买入房产的发票证明
   D. 房屋共有人同意出售的证明
   E. 买卖双方单位介绍信

【真题实测答案解析】

1.【答案】B
【解析】房地产管理部门制定的示范合同中的大部分条款是事先拟定好的，且不能改动，买卖双方只能就其中的空白部分进行约定和填写。因此，经纪人员首先需要就此解释清楚，并对示范合同已经制定好的条款进行解释说明，对需要买卖双方填写的空白条款进行特别提示，并告知买卖双方对于示范合同文本中未写入但需要明确的事宜，可以通过合同的附加条款或者补充协议进行另外约定。
【出处】《房地产经纪操作实务》（第四版）P93

2.【答案】A
【解析】房地产经纪人员首先应推荐使用行业主管部门制定的示范合同文本。
【出处】《房地产经纪操作实务》（第四版）P87

3.【答案】D
【解析】当事人须具有完全民事行为能力，其签订的合同才具有法律效力，否则，买卖双方应该依法委托代理人，并需要办理合法的委托手续等。
【出处】《房地产经纪操作实务》（第四版）P89

4.【答案】B
【解析】在签订定金条款或者定金合同时，经纪人员应说明定金条款（或者定金合同）是定金实际交付后才生效。
【出处】《房地产经纪操作实务》（第四版）P107

5.【答案】A
【解析】如没有特别的约定，维修责任通常由出租人承担。
【出处】《房地产经纪操作实务》（第四版）P111

6.【答案】ABCD
【解析】室外设施状况一般不在租赁合同中约定。
【出处】《房地产经纪操作实务》（第四版）P110

7.【答案】ABCD
【解析】在签订存量房买卖合同之前，房地产经纪人员需提醒买卖双方准备的签约资料不包括买卖双方的单位介绍信。
【出处】《房地产经纪操作实务》（第四版）P87

【章节小测】

一、单选题（每个备选答案中只有一个最符合题意）

1. 在正式签订存量房买卖合同前，经纪人员需要提醒买卖双方准备的签约所需材料不包括（　　）。
　　A. 买卖双方身份证明　　　　　　B. 房地产权属证书原件
　　C. 房地产共有人同意出售的证明　　D. 买卖双方户口簿
2. 在签订存量房买卖合同时，房地产经纪人员应当提示当事人将有关房屋的图纸等（　　）。
　　A. 另行提供，不作为买卖合同的组成部分
　　B. 附在合同内，或者作为合同附件，构成买卖的组成部分
　　C. 附在物业服务合同中，不作为买卖合同的一部分
　　D. 交付给物业公司，不作为买卖合同的一部分
3. 适用《商品房销售管理办法》规定面积误差是指（　　）之间可能存在的误差。
　　A. 预测面积与结算面积　　　　　　B. 预测面积与合同面积
　　C. 合同面积与房地产权属证书面积　D. 合同面积与结算面积
4. 商品房买卖合同备案需要（　　）。
　　A. 买卖双方共同办理　　　　　　　B. 经纪人员单独办理
　　C. 经纪人员和买卖双方共同办理　　D. 经纪人员和开发商共同办理
5. 客户购买未竣工验收的新建商品房，应与开发企业签订的合同是（　　）。
　　A. 商品房买卖（预售）合同　　　　B. 商品房买卖（现售）合同
　　C. 房地产经纪服务合同　　　　　　D. 存量房买卖合同

二、多选题（每个备选答案中有两个或两个以上符合题意）
6. 房地产经纪人员代拟的交易合同主要有（　　）。
　　A. 经纪服务合同　　　　　　　　　B. 存量房买卖合同
　　C. 商品房预售合同　　　　　　　　D. 新建商品房买卖合同
　　E. 房屋租赁合同
7. 关于无效合同，以下说法正确的有（　　）。
　　A. 因重大误解订立的合同　　　　　B. 违背公序良俗的合同
　　C. 订立合同时显失公平的合同　　　D. 恶意串通的合同
　　E. 违反法律、行政法规的强制性规定
8. 关于商品房销售，以下说法正确的是（　　）。
　　A. 房地产开发企业，在销售未通过竣工验收的商品房项目时，需取得商品房预售许可证
　　B. 已通过竣工验收的商品房项目，签订的是商品房买卖（预售）合同
　　C. 商品房销售合同中，不需要房地产开发企业法定代表人的签字（章）
　　D. 商品房预售合同需备案登记
　　E. 商品房买卖合同签订后需同时办理备案手续
9. 房地产经纪人员在代理销售已经竣工验收的商品房时，应该提示注意的事项有（　　）。
　　A. 配套设施设备交付和验收　　　　B. 销售面积是否是实测面积
　　C. 交付"两书"　　　　　　　　　　D. 补充条款签章
　　E. 要求开发商提供土地开发情况说明

10. 下列房屋租赁行为中，属于违法出租的有（　　）。
    A. 出租房屋人均租住建筑面积小于当地政府规定的最低标准
    B. 将地下储藏室出租供人居住
    C. 只出租两室一厅中的一室
    D. 违法建筑
    E. 将厨房出租供人居住

【章节小测答案解析】

1. 【答案】D

【解析】在代拟存量房买卖合同前，经纪人告知买卖双方需要准备的签约材料包括：买卖双方有效身份证明；房地产权属证书原件；央产房、军产房等特殊房屋，需提供可以交易的上市审批证明以及物业服务费、供暖费等相关费用结清证明；房地产共有的，需要提供其他共有人同意出售的证明；不符合"满五唯一"条件的商品房，要提供卖方买入房产的总房款发票、契税完税证明以便于测算税款；可交易主体资格证明，如买卖双方是否属于限购、限售的对象及其他限制交易的情况（如失信被执行人）；房屋是否设有居住权、有关房屋租赁情况和抵押情况的说明，承租方放弃优先购买权的声明。

【出处】《房地产经纪操作实务》（第四版）P87

2. 【答案】B

【解析】在签订存量房买卖合同时，经纪人员需要提示，根据房屋来源的不同，房屋的相关图纸如平面图、户型图、管线图等应附在合同内，以便于交付后的使用和维护。如果图纸和附件直接附在合同中，应视为买卖合同的组成部分。

【出处】《房地产经纪操作实务》（第四版）P96、P97

3. 【答案】C

【解析】适用《商品房销售管理办法》规定面积误差是指合同面积与房地产权属证书面积之间可能存在的误差。

【出处】《房地产经纪操作实务》（第四版）P105

4. 【答案】A

【解析】商品房买卖合同备案需要买卖双方当事人共同办理。

【出处】《房地产经纪操作实务》（第四版）P116

5. 【答案】A

【解析】预售的项目是未通过竣工验收的，应签订商品房买卖（预售）合同。现售的项目是已经通过竣工验收的，应签订的是商品房买卖（现售）合同。

【出处】《房地产经纪操作实务》（第四版）P102

6. 【答案】BDE

【解析】实践中，房地产经纪人员代拟的交易合同主要有存量房买卖合同、新建商品房买卖合同、房屋租赁合同三类。

【出处】《房地产经纪操作实务》（第四版）P86

7. 【答案】BDE

【解析】B、D、E是合同签署后无效的三种情形，A、C是合同签署后可撤销的情形。

【出处】《房地产经纪操作实务》(第四版)P91

8.【答案】AD

【解析】B项已通过竣工验收的商品房项目，签订的是商品房买卖（现售）合同，C项商品房销售合同中，不仅需要加盖开发企业的公章，还需要房地产开发企业法定代表人的签字（章），E项商品房买卖合同签订后可同时办理备案手续，也可以另行选择时间办理网上备案，具体的城市有不同的规定，但经纪人应提醒并协助买卖双方办理网上备案。

【出处】《房地产经纪操作实务》(第四版)P104

9.【答案】ABCD

【解析】E选项属于商品房买卖（预售）合同风险防范的内容。

【出处】《房地产经纪操作实务》(第四版)P107

10.【答案】ABDE

【解析】经纪人员需要告知出租人违法建筑、不符合安全要求的房屋不能出租；承租人应当按照合同约定的租赁用途和使用要求合理使用房屋，不得擅自改动房屋承重结构和拆改室内设施，以免影响房屋的安全。根据规定，出租住房的，应当以原设计的房间为最小出租单位，人均租住建筑面积不得低于当地人民政府规定的最低标准。厨房、卫生间、阳台和地下储藏室不得出租供人居住。

【出处】《房地产经纪操作实务》(第四版)P113

第六章 房地产交易资金结算

【章节导引】

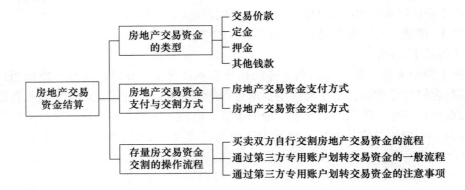

【章节核心知识点】

核心知识点1：房地产交易资金的类型

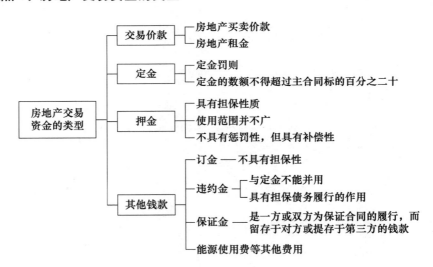

1. （多选题）广义上看，房地产买卖过程中可能涉及的交易资金有（   ）。
   A. 违约金   B. 首付款
   C. 定金   D. 押金
   E. 保证金

   【答案】ABCE

【解析】房地产交易资金有广义和狭义之分，广义的房地产交易资金包括房地产交易涉及的全部钱款，狭义的房地产交易资金主要是指房地产买卖价款和租金。押金只适用于租赁合同、承包合同、医疗合同等有限的合同中。

【出处】《房地产经纪操作实务》（第四版）P120

核心知识点2：房地产交易资金支付方式

（1）自有资金支付与贷款支付

这里的自有资金泛指非源于银行贷款的购房资金，并不一定是买方自己所有的资金，也可能存在向他人借款的情形。

房地产买卖中常用的贷款方式是个人住房抵押贷款。

（2）一次性付款与分期付款

一次性付款方式对买方来说手续简便，房价折扣率较高；对卖方来说能尽快回笼资金。

一次性付款适用于购房者资金充足、卖方信誉良好或者买卖双方相互熟悉的情形。

在分期付款中，有银行贷款的情况下：房款分两个阶段支付的，付款的顺序为"定金—首付款—银行贷款"；房款分三阶段支付的，付款的顺序为"定金—首付款—银行贷款—尾款"。

（3）现金支付与转账支付

1．（多选题）下列关于一次性付款的说法，正确的有（　　）。
  A．房价折扣率较高　　　　　　B．对于买方来说手续较繁琐
  C．对于买方而言具有一定风险　D．对于卖方来说能尽快回笼资金
  E．买卖双方不熟悉的情况下也可以选用

【答案】ACD

【解析】一次性付款方式对买方来说手续简便，房价折扣率较高，对卖方来说能尽快回笼资金。一次性付款适用于购房者资金充足、卖方信誉良好或者买卖双方相互熟悉的情形。

【出处】《房地产经纪操作实务》（第四版）P125

核心知识点3：房地产交易资金交割方式

（1）房地产交易当事人自行交割

① 含义：买方将交易资金直接支付给卖方或者转账到其指定账户。

② 自行交割的优缺点。

优点：操作简单；

缺点：资金安全无任何保障及约束，风险较大。

③ 自行交割的使用情形。

新建商品房买卖交易资金，以及定金、押金、租金、保证金等小额钱款的交割；

存量房买卖中，房屋产权清晰、不存在争议，无查封、征收、违法违章、抵押、租赁等情形，确保能顺利过户，且交易双方对自行交割无异议；

在存量房买卖中，卖方为法人、其他组织，或交易双方为亲属关系，对自行交割无异议。

（2）通过第三方专用账户划转

① 监管规定：交易当事人可以通过合同约定，由双方自行决定交易资金支付方式，也可以通过房地产经纪机构或交易保证机构在银行开设的客户交易结算资金专用存款账户，根据合同约定条件划转交易资金。

② 监管模式：政府监管；商业银行监管；房地产经纪机构或交易保证机构监管。

③ 监管的范围和期限：交易资金监管的期限为交易资金存入监管专用账户起至不动产权证书颁发止。

④ 交易资金监管的作用：保障交易安全；规范交易流程；提高交易效率；规范市场秩序。

1. （多选题）下列情形中，适用交易资金自行交割的有（　　）。

    A. 已被查封的房屋　　　　　　　B. 买卖权属有争议的房屋
    C. 新建商品房买卖　　　　　　　D. 买卖双方对自行交割无异议
    E. 定金、租金等小额钱款的交割

【答案】CDE

【解析】交易资金自行交割适用于下列情形：新建商品房买卖交易资金，以及定金、押金、租金等小额钱款的交割；存量房买卖中，房屋产权清晰、不存在争议，无查封、征收、违法违章、抵押、租赁等情形，确保能顺利过户，且交易双方对自行交割无异议；存量房买卖中，卖方为法人、其他组织，或交易双方彼此熟悉，对自行交割无异议。

【出处】《房地产经纪操作实务》（第四版）P128

核心知识点4：存量房交易资金交割的操作流程

（1）买卖双方自行交割房地产交易资金的流程

（2）通过第三方专用账户划转交易资金的一般流程

买方不需要贷款的情形：签订资金监管协议→买方将交易资金存入监管账户→办理不动产转移登记→划转交易资金；

买方需要贷款的情形：签订资金监管协议→买方将首付款存入监管专用账户→买方办理抵押贷款→办理不动产转移登记和抵押登记→贷款银行将贷款转入监管专用账户→划转交易资金。

（3）通过第三方专用账户划转交易资金的注意事项

① 提醒买卖双方进行交易资金监管，并告知资金监管的范围、基本流程和要求；

② 不擅自更改资金监管流程；

③ 核对买卖双方收付款的姓名及账号，确保无误；

④ 提醒买卖双方收付款账户要求；

⑤ 向买卖双方解释资金监管协议的内容及其他相关事项；

⑥ 事前提醒需要贷款的买方准备好贷款相关资料，到银行申请贷款；

⑦ 事前提醒买方当前可申请的贷款金额、年限及利率与个人信用有关，最终以银行批复的结果为准；

⑧ 不得以任何名义擅自收取交易资金监管手续费用。

1. （多选题）买方不需要贷款的情况下，交易资金监管的程序有（　　）。
　　A. 划转交易资金　　　　　　　B. 签订资金监管协议
　　C. 买方办理抵押贷款　　　　　D. 办理不动产转移登记
　　E. 买方将交易资金存入监管账户

【答案】ABDE

【解析】买方不需要贷款的情况下，资金监管的程序包括：签订资金监管协议；买方将交易资金存入监管账户；办理不动产转移登记；划转交易资金。

【出处】《房地产经纪操作实务》（第四版）P131～132

【真题实测】

一、**单选题**（每个备选答案中只有一个最符合题意）

1. 关于存量房买卖中买方向卖方支付定金的说法，错误的是（　　）。
　　A. 如果合同按约定履行，定金可以抵作价款
　　B. 如果买方违约，卖方应返还定金
　　C. 如果卖方违约，买方可以要求双倍返还定金
　　D. 定金数额不得超过购房款的 20%

2. 关于押金的说法，错误的是（　　）。
　　A. 押金适用于租赁合同
　　B. 押金适用于买卖合同
　　C. 押金不具惩罚性，只能返还和抵扣
　　D. 押金是一种具有担保性质的钱款

3. 按资金来源划分，可以将房地产交易资金支付方式分为（　　）。
　　A. 自有资金支付和贷款支付　　B. 一次性支付和分期支付
　　C. 现金支付和转账支付　　　　D. 自有资金支付和转账支付

4. 房地产交易资金的交割方式分为（　　）。
　　A. 交易当事人自行交割与通过政府交割
　　B. 交易当事人自行交割与通过第三方专用账户划转
　　C. 通过房地产经纪机构代收代付与通过第三方专用账户划转
　　D. 交易当事人自行交割与通过第三人交割

5. 买方不需要贷款的存量房交易中，交易资金监管的程序有：① 签订资金监管协议；② 办理房屋所有权转移登记；③ 买方将交易资金存入监管账户；④ 交易资金划转至卖方账户。其正确时顺序是（　　）。
　　A. ①②③④　　　　　　　　　B. ③①②④

C. ①③②④ D. ①④③②

二、多选题（每个备选答案中有两个或两个以上符合题意）

6. 关于定金与押金的说法，正确的有（　　）。
   A. 定金无适用范围的限制，而押金仅适用于有限的合同中
   B. 定金和押金均不具有惩罚性
   C. 定金的支付有最高额的限制
   D. 定金的作用是担保合同的履行
   E. 定金与押金作用完全相同

7. 交易资金监管的作用主要体现在（　　）。
   A. 简化操作程序　　　　　　　　B. 保障交易安全
   C. 规范交易流程　　　　　　　　D. 提高交易效率
   E. 规范市场秩序

【真题实测答案解析】

1．【答案】B
【解析】如果给付定金的一方违约，则无权要求返还定金；如果收受定金的一方违约，则应当双倍返还定金。
【出处】《房地产经纪操作实务》（第四版）P122

2．【答案】B
【解析】押金的适用范围并不广泛，只适用于租赁合同、承包合同医疗合同等有限的合同中。
【出处】《房地产经纪操作实务》（第四版）P122

3．【答案】A
【解析】按资金来源划分，可以将房地产交易资金支付方式分为自有资金支付和贷款支付。
【出处】《房地产经纪操作实务》（第四版）P124

4．【答案】B
【解析】房地产交易资金的交割方式分为交易当事人自行交割与通过第三方专用账户划转。
【出处】《房地产经纪操作实务》（第四版）P127～128

5．【答案】C
【解析】买方不需要贷款的存量房交易中，通过第三方专用账户划转交易资金的一般流程为：签订资金监管协议→买方将交易资金存入监管账户→办理不动产转移登记→划转交易资金。
【出处】《房地产经纪操作实务》（第四版）P131～132

6．【答案】ACD
【解析】定金是一种双向担保，既适用于给付定金的一方，也适用于接收定金的一方，具有惩罚性；而押金只能由债务人提供，只能返还或抵扣，不具有惩罚性，但具有补偿性。

【出处】《房地产经纪操作实务》(第四版) P122

7.【答案】BCDE

【解析】交易资金的监管作用包括:保障交易安全;规范交易流程;提高交易效率;规范市场秩序。

【出处】《房地产经纪操作实务》(第四版) P129、P130

【章节小测】

一、单选题(每个备选答案中只有一个最符合题意)

1. 买方在支付所购房地产的部分价款后,根据双方约定时间或建筑工程进度逐次付清剩余房款的付款方式是( )。
   A. 分期付款　　　　　　　　B. 按揭付款
   C. 一次性付款　　　　　　　D. 综合性付款

2. 下列关于通过转账支付房地产交易资金注意问题的说法,错误的是( )。
   A. 有些转账业务要支付手续费
   B. 办理转账时要核对账户信息
   C. 完成转账后转账凭证可以不保留
   D. 个人账户与单位账户之间转账,要按照银行规定提供相应证明

3. 如果买方以现金方式支付购房款,房地产经纪人员应提醒其要求卖方( )。
   A. 出具收款凭证　　　　　　B. 立即交房
   C. 写保证书　　　　　　　　D. 立即迁出户口

4. 买方在签订交易合同后向卖方支付了部分购房款 80 万元,这笔款性质为( )。
   A. 定金　　　　　　　　　　B. 尾款
   C. 意向金　　　　　　　　　D. 预付款

5. 下列关于定金与押金区别的说法,错误的是( )。
   A. 定金无适用范围的限制;而押金仅可适用于有限的合同中
   B. 定金是一种双向担保,不具有惩罚性;押金仅可由债务人提供,具有惩罚性
   C. 定金的支付有最高额的限制;而押金没有限制,可根据实际情况自行约定
   D. 定金的作用是担保合同的履行;而押金的作用是保证自己的行为不会对对方的利益造成损害

二、多选题(每个备选答案中有两个或两个以上符合题意)

6. 在使用银行贷款的情况下,影响首付款的因素有( )。
   A. 购房贷款政策　　　　　　B. 卖方对资金的要求
   C. 卖方的收入和信用　　　　D. 经纪公司与银行的合作关系
   E. 买方可以申请贷款的最高限额

7. 下列关于银行贷款的说法,正确的有( )。
   A. 对于卖方而言,手续比较简单
   B. 买方可能面对未来利息上调的风险
   C. 对于买方而言,减轻了当前资金压力
   D. 此种付款方式,需要交易的房屋可用于抵押的情况

E. 对卖方而言，存在银行放款缓慢而资金难以快速回笼的风险
8. 通过第三方专用账户划转交易资金的监管模式有（　　）。
   A. 政府监管
   B. 商业银行监管
   C. 交易保障机构监管
   D. 房地产经纪机构监管
   E. 提供居间服务的房地产经纪人监管
9. 房地产交易资金监管的积极作用有（　　）。
   A. 规范市场秩序
   B. 提高交易效率
   C. 降低交易成本
   D. 保障交易安全
   E. 简化交易手续
10. 通过第三方专用账户划转交易结算资金，房地产经纪人员应该注意（　　）。
    A. 提醒买卖双方进行交易资金监管
    B. 不得擅自划转客户交易结算资金
    C. 可以收取交易资金监管的手续费
    D. 提醒买卖双方妥善保管账户存折、银行卡等
    E. 核对买卖双方收付款的姓名、账户

【章节小测答案解析】

1. 【答案】A

【解析】买方在支付所购房地产的部分价款后，根据双方约定时间或建筑工程进度逐次付清剩余房款的付款方式是分期付款。

【出处】《房地产经纪操作实务》（第四版）P125

2. 【答案】C

【解析】通过转账方式支付房地产资金要注意以下几点：有些转账业务要支付手续费；个人账户与单位账户之间转账，要按照银行规定提供相应证明；办理转账时要核对账户信息，完成转账后要保留转账凭证。

【出处】《房地产经纪操作实务》（第四版）P127

3. 【答案】A

【解析】以现金支付时，需要对方出具收款凭证。

【出处】《房地产经纪操作实务》（第四版）P126

4. 【答案】D

【解析】预付款是买方在房地产交易合同签订后房屋交付前，先行支付的一部分价款，其中第一笔预付款又叫首付款。

【出处】《房地产经纪操作实务》（第四版）P121

5. 【答案】B

【解析】定金是一种双向担保，具有惩罚性；押金仅可由债务人提供，不具有惩罚性。

【出处】《房地产经纪操作实务》（第四版）P122

6. 【答案】ABE

【解析】有银行贷款的情况下，首付款一般由买卖双方约定，但又受以下两个因素制约：买方可以申请贷款的最高限额，与各城市购房贷款政策、房屋的房龄、买方的收入和信用等情况有关；卖方对资金的要求。

【出处】《房地产经纪操作实务》（第四版）P124

7.【答案】BCDE

【解析】在有银行贷款的情况下，对于卖方而言，手续比较复杂，存在因买方贷款不被批准而交易无法完成，或因银行放款缓慢而资金难以快速回笼的风险。

【出处】《房地产经纪操作实务》（第四版）P126

8.【答案】ABCD

【解析】根据存量房交易资金监管的主体不同，目前有3种监管模式：① 政府监管；② 商业银行监管；③ 房地产经纪机构或交易保证机构监管。

【出处】《房地产经纪操作实务》（第四版）P128～129

9.【答案】ABD

【解析】交易资金监管具有以下作用：保障交易安全；规范了交易流程；提高交易效率；规范市场秩序。

【出处】《房地产经纪操作实务》（第四版）P129～130

10.【答案】ABDE

【解析】房地产经纪人员不得以任何名义收取交易资金监管手续费。

【出处】《房地产经纪操作实务》（第四版）P133

第七章　房屋交验与经纪延伸服务

【章节导引】

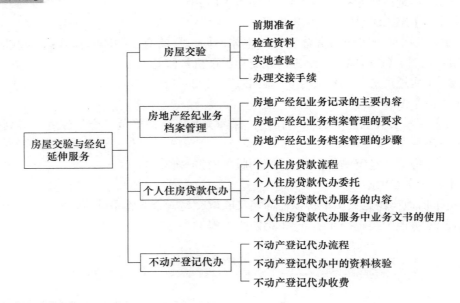

【章节核心知识点】

核心知识点 1：存量房查验和交接前期准备

（1）存量房买卖查验的前期准备

① 卖方需要准备的材料和物品。身份证明、合同约定转移的各项设施设备的使用说明、相关交费凭证及交费卡、物业服务合同、钥匙、门禁卡、电梯卡等。

② 买方需要准备的材料。身份证明、房屋买卖合同、房地产权属证书以及需要支付的款项等。

③ 房地产经纪人员需要准备的材料。各种验房工具及房屋状况说明书、房屋交接单等。

（2）存量房租赁查验的前期准备

① 出租房需要准备的材料。身份证明、房地产权属证书或相关证明材料、室内家具电器及相关设备的说明书、相关交费凭证、钥匙等。

② 承租方需要准备的材料。身份证明、需要支付的钱款等。

③ 房地产经纪人员需要准备的材料。各种验房工具及房屋状况说明书、房屋交接单等。

1.（单选题）在存量房买卖查验的准备环节，提供房屋使用各项交费凭证的主体是（   ）。
  A．买方   B．卖方
  C．房地产经纪人员   D．房地产开发企业
【答案】B
【解析】在存量房买卖查验的准备环节，提供房屋使用各项交费凭证的主体是卖方。
【出处】《房地产经纪操作实务》（第四版）P135

核心知识点 2：存量房买卖、租赁实地查验的内容

（1）存量房买卖查验，主要检查以下部分：
① 检查房屋结构；
② 查验装修和设备；
③ 查看计量表；
④ 检查家具家电；
⑤ 实地户口检查。
（2）存量房租赁查验，主要查验的内容：
① 检查设施设备；
② 检查家具家电；
③ 记录计量表读数；
④ 测试钥匙、门禁卡。
房地产经纪人要根据现场查看情况，边查边记录下房屋及各项设施设备的基本状况，并填写房屋交接单。

1.（多选题）存量房买卖实地查验的内容包括（   ）。
  A．检查装修和设备   B．检查房屋结构
  C．查看房屋面积   D．检查家具家电
  E．查看计量表
【答案】ABDE
【解析】存量房买卖实地查验的内容包括：检查房屋结构；检查装修和设备；查看计量表；检查家具家电；实地户口查验。C选项为新建商品房实地查验的内容。
【出处】《房地产经纪操作实务》（第四版）P136、P137

核心知识点 3：办理交接手续

（1）验房发现问题的解决方式
买方或承租方在房屋验收时发现问题，应与卖方或出租方交涉。
（2）费用结算
① 后付费项目结算。有些能源和服务费是使用后交费；

②预付费项目结算。有些专营服务是先付费后消费，通常维修资金和暖气费都是预交。

（3）相关信息变更

一般来说，必须更名的项目包括有线电视、电话、宽带、水、电、燃气、停车位等的缴费卡；按照相关规定，房屋买卖时，专项维修资金账户中的余额是随房屋所有权同时过户的。对于这部分余额，原则上不退还卖方。

（4）签署房屋交接单

这一环节非常重要，签署房屋交接单后说明房屋已经转移占有。

1.（单选题）下列关于验房发现问题的解决方法的说法，错误的是（　　）。
    A. 查验过程中发现瑕疵，买方或承租方已知悉，没有约定需双方自行解决
    B. 如是新出现的问题，让双方自行解决即可，经纪人可不用引导或协助
    C. 查验过程中发现瑕疵，买方或承租方已知悉，有约定按约定处理
    D. 买方或承租方在房屋查验时发现问题，应与卖方或出租方交涉

【答案】B

【解析】如果发现存在的问题与房屋出售信息或房屋状况说明书所载明的有所不同，或是新出现的问题，房地产经纪人员要引导和协助交易双方商议确定解决方案。

【出处】《房地产经纪操作实务》（第四版）P138

核心知识点4：房地产经纪业务记录的主要内容

（1）房地产经纪服务合同；
（2）房地产交易合同（买卖和租赁合同）；
（3）委托人及交易相对人提供的资料；
（4）房屋状况说明书、房屋查验报告；
（5）收据、收条及各种票据等原始凭证的复印件；
（6）房屋交接单或房屋交接确认书；
（7）交易房屋房地产权属证书复印件；
（8）其他有关资料。

1.（多选题）在房屋买卖居间业务中，房地产经纪机构应归档保存的资料有（　　）。
    A. 买卖双方的身份证复印件
    B. 买卖房屋的权属证书复印件
    C. 房屋买卖合同复印件
    D. 房屋抵押合同复印件
    E. 契税发票原件

【答案】ABC

【解析】房地产经纪业务记录的主要内容包括：房地产经纪服务合同；房地产交易合同（买卖和租赁合同）；委托人及交易相对人提供的资料；房屋状况说明书、房屋查验报

告；收据、收条及各种票据等原始凭证的复印件；房屋交接单或房屋交接确认书；房地产权属证书复印件；其他相关资料。

【出处】《房地产经纪操作实务》（第四版）P142、P143

核心知识点 5：房地产经纪业务档案管理的要求

（1）设立档案管理专职岗位。较大的经纪机构，该岗位应设专人甚至多人担任；较小的经纪机构可设专人兼任。

（2）实行房地产经纪机构统一管理。房地产经纪机构应将所有的经纪业务记录统一归档管理，各房地产经纪分支机构或房地产经纪人员不能自己截留档案资料。

（3）档案保存的时间要求。房地产经纪服务合同等房地产经纪业务相关资料的保存期限不得少于 5 年。

1. （单选题）房地产经纪服务合同等房地产经纪业务相关资料的保存期限不得少于（　　）。

   A. 1 年　　　　　　　　　　B. 3 年
   C. 5 年　　　　　　　　　　D. 6 年

【答案】C

【解析】房地产经纪服务合同等房地产经纪业务相关资料的保存期限不得少于 5 年。

【出处】《房地产经纪操作实务》（第四版）P143

2. （单选题）下列关于房地产经纪业务档案管理要求的说法，错误的是（　　）。

   A. 较小的经纪机构可设专人兼任档案管理岗位
   B. 档案管理人员应经过必要的专业技术培训
   C. 房地产经纪分支机构可自行保存档案资料
   D. 房地产经纪服务合同保存期限不得少于 5 年

【答案】C

【解析】房地产经纪机构应将所有的经纪业务记录统一归档管理，各房地产经纪分支机构或房地产经纪人员不能自己截留档案资料。

【出处】《房地产经纪操作实务》（第四版）P143

核心知识点 6：房地产经纪业务档案管理步骤

（1）收集。

（2）整理。

（3）归档。房地产经纪业务归档，要按照"一个委托项目一份档案"的原则建档。

（4）利用。房地产经纪业务记录，可为社会提供信息查询服务，但对涉及的国家秘密、商业秘密、技术秘密和个人隐私应当予以保密。

1. （单选题）房地产经纪业务档案管理的环节为：①归档；②收集；③整理；④利

用。下列正确的环节为（　　）。

A. ③②①④
B. ②③①④
C. ②④③①
D. ①②③④

【答案】B

【解析】房地产经纪业务档案管理的步骤为收集、整理、归档、利用。

【出处】《房地产经纪操作实务》（第四版）P143、P144

核心知识点7：个人住房贷款流程

（1）商业贷款流程。买卖双方签订房屋买卖合同→办理网签手续（有的城市没有网签）→银行委托房地产评估机构评估房屋抵押价值→买卖双方到银行办理面签手续，银行批贷→买卖双方办理缴税、产权过户手续→办理抵押登记→银行放款。

（2）公积金贷款流程。买卖双方签订房屋买卖合同→办理网签手续（有的城市没有网签）→买卖双方到公积金管理中心办理面签手续→公积金管理中心委托房地产评估机构评估房屋抵押价值→公积金管理中心批贷→买卖双方办理缴税、产权过户手续→办理抵押登记→公积金管理中心委托银行放款。

（3）组合贷款流程。买卖双方签订房屋买卖合同→银行委托房地产评估机构评估房屋抵押价值→办理网签手续（有的城市没有网签）→买卖双方到银行和公积金管理中心办理面签手续→银行和公积金管理中心分别审核，批贷→买卖双方办理缴税、产权过户手续→办理抵押登记→银行放款。

1.（单选题）商业贷款流程的最后一个环节是（　　）。

A. 产权过户
B. 银行放款
C. 买卖双方办理缴税
D. 银行批贷

【答案】B

【解析】买卖双方签订房屋买卖合同→办理网签手续（有的城市没有网签）→银行委托房地产评估机构评估房屋抵押价值→买卖双方到银行办理面签手续，银行批贷→买卖双方办理缴税、产权过户手续→办理抵押登记→银行放款。

【出处】《房地产经纪操作实务》（第四版）P144

核心知识点8：个人住房贷款代办委托

（1）沟通接洽。客户委托房地产经纪机构代办个人住房贷款时，房地产经纪人员应详细告知客户贷款办理流程和银行贷款政策，并充分考虑客户的储蓄、收入水平、家庭开支以及家庭理财状况，提出合理建议。

（2）签订个人住房贷款代办服务合同。合同内容包括：房屋买卖双方的基本资料、委托事项、双方的权利和义务、服务收费、违约责任、争议解决、其他约定、委托双方签字盖章。

1.（单选题）客户委托房地产经纪机构代办个人住房贷款时，不必考虑的内容是（ ）。
    A. 客户的储蓄   B. 客户的学历
    C. 客户的收入水平   D. 客户的家庭开支
【答案】B
【解析】客户委托房地产经纪机构代办住房贷款时，房地产经纪人员应详细告知客户贷款办理流程和银行贷款政策，并充分考虑客户的储蓄、收入水平、家庭开支及家庭理财状况，提出合理建议。
【出处】《房地产经纪操作实务》（第四版）P145

核心知识点 9：个人住房贷款代办服务的内容

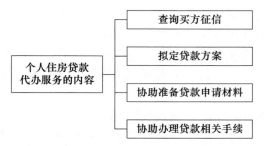

小核心知识点 9-1：买方征信查询

征信按照服务对象可以分为：信贷征信、商业征信、雇佣征信及其他征信。

目前我国商业银行普遍采用的个人信贷征信是中国人民银行征信中心出具的个人信用报告。

根据《征信业管理条例》的规定，个人有权每年两次免费获取本人的信用报告。

一般银行对个人征信的要求是：当前不能逾期，半年内不能有2次逾期记录，2年内不能连续3次，累计6次未按时还款。

1.（多选题）征信按服务对象可以分为（ ）。
    A. 信贷征信   B. 商业征信
    C. 雇佣征信   D. 社会征信
    E. 国家征信
【答案】ABC
【解析】征信按照服务对象可以分为：信贷征信、商业征信、雇佣征信和其他征信。
【出处】《房地产经纪操作实务》（第四版）P146

2.（多选题）个人住房贷款代办服务的内容包括（ ）。
    A. 查询买方征信   B. 拟定贷款方案
    C. 协助准备贷款申请材料   D. 协助办理贷款申请手续
    E. 签订住房贷款居间服务合同
【答案】ABCD

【解析】个人住房贷款代办的内容包括：查询买方征信、拟定贷款方案、协助准备贷款申请材料、协助办理贷款相关手续。

【出处】《房地产经纪操作实务》（第四版）P146

小核心知识点 9-2：拟定贷款方案

（1）贷款银行。选择贷款银行时应考虑以下几个因素：贷款利率、贷款门槛、调息方式、还款方式、提前还贷的规定、银行的工作效率、买方的偏好。

（2）贷款成数。目前贷款金额最高一般不超过抵押房地产价值的 70%。

（3）偿还比率。在发放贷款时，通常将偿还比率作为衡量贷款申请人偿债能力的一个指标，一般是 50%。

（4）贷款额度。银行一般采用不同的指标，对借款人的贷款金额作出限制性规定：贷款金额不得超过某一最高金额；贷款金额不得超过按照最高贷款成数计算出的金额；贷款金额不得超过按最高偿还比率计算出的金额。

（5）贷款期限。个人住房贷款期限最长为 30 年。

（6）偿还方式。采用等额本息还款时，各期还款压力是一样的；采用等额本金还款法时，借款初期的还款压力较大，以后依次递减。等额本金的还款总额低于等额本息的还款总额。

（7）房贷政策。运用 LPR 作为房贷利率定价基准，规定房贷下限。首套房贷不能低于相应期限的 LPR 报价，二套房贷款利率不得低于相应期限 LPR 报价加 60 个基点，各地银行根据这一全国统一的最低要求，制定自己的定价。

1．（单选题）选择贷款银行考虑的因素不包括（　　）。
  A．贷款利率　　　　　　　　B．调息方式
  C．银行的工作效率　　　　　D．银行的所有制形式

【答案】D

【解析】选择贷款银行时考虑的因素包括：贷款利率、贷款门槛、调息方式、还款方式、提前还贷的规定、银行的工作效率、买方的偏好。

【出处】《房地产经纪操作实务》（第四版）P147、P148

2．（单选题）田某向银行申请了 20 年期个人住房商业贷款 120 万元，按银行规定的贷款利率，田某每月需还款 8000 元，则田某的家庭年收入应不低于（　　）元。
  A．16000　　　　　　　　　　B．19200
  C．96000　　　　　　　　　　D．120000

【答案】B

【解析】目前大多数银行都对个人住房抵押贷款规定了最高偿还比率，一般是 50%，因此田某的家庭年收入应不低于 $8000 \times 12 \times 2 = 192000$ 元。

【出处】《房地产经纪操作实务》（第四版）P148

小核心知识点 9-3：协助准备贷款申请材料

（1）个人住房借款申请；

（2）基本证件；

（3）借款人家庭稳定的经济收入的证明；

（4）符合规定的购买（建造、大修）住房合同、协议或其他批准文件；

（5）借款人用于购买（建造、大修）住房的自筹资金的有关证明；

（6）抵押物或质押物的清单、权属证明以及有处分权人同意抵押或质押证明；保证人同意提供担保的书面文件和保证人资信证明；

（7）贷款人要求提供的其他文件或资料。

1.（单选题）李某为甲房地产经纪公司经纪人员，在协助买方准备贷款申请材料时，不必提供的材料为（　　）。

　　A. 住房贷款居间服务合同
　　B. 个人住房借款申请
　　C. 借款人用于购买住房的自筹资金的有关证明
　　D. 抵押物或质押物的清单、权属证明以及有处分权人同意抵押或质押证明

【答案】A

【解析】在协助买方准备贷款申请材料时，不必准备住房贷款居间服务合同。

【出处】《房地产经纪操作实务》（第四版）P149～150

核心知识点10：个人住房贷款代办服务中业务文书的使用

（1）个人住房贷款代办合同。房地产经纪机构在为客户提供办理贷款的服务时，必须签订个人住房贷款代办服务合同，明确约定经纪机构的服务内容和责任范围，不对贷款能否获批、贷款额度、利率、放款期限等作出承诺。

（2）借款合同。签订借款合同的注意事项：① 借款合同要由借款人填写；② 借款人需要明确借款用途；③ 按期支付利息和本金。

（3）抵押合同。抵押权是对债权的保障，当债权无法实现时才出现，抵押合同具有从属性，当主合同即债权合同无效时，抵押合同也无效。

抵押合同可以约定终止事由，一般终止情况如下：抵押所担保的债务已经履行；抵押合同被解除；债权人免除债务；法律规定终止或者当事人约定终止的其他情形。

1.（单选题）下列关于借款合同签订注意事项的说法，错误的是（　　）。

　　A. 借款合同要由担保人填写
　　B. 借款人需要明确借款用途
　　C. 借款人需按期支付利息和本金
　　D. 双方当事人对借款合同的主要内容、条款达成合意的，借款合同即告成立

【答案】A

【解析】银行借款合同一般都是格式合同，提供格式条款的一方也就是银行，因此，借款合同应由借款人填写，可以让借款人理解合同内容、条款，银行对条款负有解释的义务，这样可以防止因理解不同发生纠纷。

【出处】《房地产经纪操作实务》(第四版) P151

2. (单选题) 下列关于个人住房贷款合同的说法,错误的是(   )。
   A. 经纪机构为客户提供办理贷款服务时,必须签订个人住房贷款代办服务合同
   B. 个人住房贷款代办服务是房地产经纪延伸服务的内容之一
   C. 个人住房贷款能否获批,主要取决于客户的征信和条件
   D. 经纪机构可以对贷款额度、利率、代办期限做出承诺

【答案】D
【解析】房地产经纪机构在为客户提供办理贷款的服务时,必须签订个人住房贷款代办服务合同,明确约定经纪机构的服务内容和责任范围,不对贷款能否获批、贷款额度、利率、代办期限等做出承诺。
【出处】《房地产经纪操作实务》(第四版) P150

核心知识点 11:不动产登记代办流程

(1) 代办不动产转移登记的流程。介绍相关政策及流程→了解权属现状→签订委托合同→收集相关资料→前往登记部门办理登记→领取不动产权证书。

(2) 代办不动产抵押权登记的流程。介绍相关政策及流程→了解权属现状→签订委托合同→收集相关资料→前往登记部门办理登记→领取不动产权证明。

1. (单选题) 房地产交易过程中最重要的一个环节是(   )。
   A. 户口迁移   B. 不动产登记
   C. 签订房屋买卖合同   D. 办理物业交割手续

【答案】B
【解析】房屋买卖中的房屋所有权转移必须依照法律规定进行不动产登记才会产生效力,不动产登记是房地产交易过程中的最重要的一环。
【出处】《房地产经纪操作实务》(第四版) P152

核心知识点 12:不动产登记代办中的资料核验及收费

(1) 身份核验。不动产登记委托人为自然人时,委托人应当具有完全民事行为能力,还应查看委托人提供的身份证件;
(2) 不动产权属证书核验;
(3) 不动产权属状况核验。
① 不动产转移登记权属状况核验要点包括:所有权归属情况、房屋性质、抵押情况、预告登记情况、异议登记情况、查封情况、出租情况。
② 不动产抵押登记权属状况核验要点包括:所有权归属情况、房屋性质、预告登记情况、异议登记情况、查封情况、出租情况。

房地产经纪服务实行明码标价制度。房地产经纪机构应当遵守经纪服务收费管理的相关法律法规,在经营场所醒目位置标明房地产经纪服务项目、服务内容、收费标准等。

1. （单选题）不动产转移登记权属状况核验的要点不包括（　　）。
   A. 出租情况　　　　　　　　B. 房屋性质
   C. 查封情况　　　　　　　　D. 土地状况

【答案】D

【解析】不动产转移登记权属状况核验要点包括：所有权归属情况、房屋性质、抵押情况、预告登记情况、异议登记情况、查封情况、出租情况。

【出处】《房地产经纪操作实务》（第四版）P173

【真题实测】

一、单选题（每个备选答案中只有一个最符合题意）

1. 存量房查验和交接时，房地产经纪人员需要准备的材料不包括（　　）。
   A. 房屋交接单　　　　　　　B. 各种验房工具
   C. 房屋状况说明书　　　　　D. 房地产权属证书

2. 房屋查验时，房地产经纪人员应根据现场勘查情况，填写（　　）。
   A. 公用设备运行报告　　　　B. 住宅使用说明书
   C. 房屋交接单　　　　　　　D. 房屋环境信息核查表

3. 个人住房贷款代办业务中，借款合同可以（　　）签订。
   A. 借款人亲属代为　　　　　B. 网络
   C. 借款人到银行　　　　　　D. 房产经纪人员代为

4. 房地产经纪机构与委托人签订的个人住房贷款代办服务合同中，不需要约定的事项是（　　）。
   A. 服务收费标准　　　　　　B. 责任范围
   C. 贷款额度　　　　　　　　D. 服务内容

5. 关于个人住房抵押贷款期限的说法，错误的是（　　）。
   A. 最长一般为35年　　　　　B. 受住房已使用年限的制约
   C. 受借款人年龄的制约　　　D. 由贷款人和借款人根据情况商定

二、多选题（每个备选答案中有两个或两个以上符合题意）

6. 赵某委托房地产经纪机构代办个人住房商业贷款，下列该机构的做法中，正确的有（　　）。
   A. 为赵某准备高于其实际收入的证明材料
   B. 向赵某承诺贷款金额
   C. 告知赵某当地银行规定的最高贷款成数
   D. 依据赵某年龄告知最长贷款期限
   E. 向赵某推荐利率折扣较大的银行

【真题实测答案解析】

1. 【答案】D

【解析】存量房买卖查验的前期准备中，房地产经纪人员需要准备的材料包括各种验房工具及房屋状况说明书、房屋交接单等。

【出处】《房地产经纪操作实务》（第四版）P135～136

2.【答案】C

【解析】房地产经纪人员要根据现场查看情况，边查边记录下房屋各项设施设备的基本情况，并填写房屋交接单。

【出处】《房地产经纪操作实务》（第四版）P137

3.【答案】C

【解析】借款合同应由借款人填写，可以让借款人理解合同内容、条款，银行对条款负有解释的义务。

【出处】《房地产经纪操作实务》（第四版）P151

4.【答案】C

【解析】合同内容包括：房屋买卖双方的基本资料、委托事项、双方的权利和义务、服务收费、违约责任、争议解决、其他约定、委托双方签字盖章。

【出处】《房地产经纪操作实务》（第四版）P145～146

5.【答案】A

【解析】个人住房贷款期限最长为30年。

【出处】《房地产经纪操作实务》（第四版）P148

6.【答案】CDE

【解析】房地产经纪机构在为客户提供办理贷款的服务时，必须签订个人住房贷款代办服务合同，明确约定经纪机构的服务内容和责任范围，不对贷款能否获批、贷款额度、利率、放款期限等作出承诺。

【出处】《房地产经纪操作实务》（第四版）P150

【章节小测】

一、单选题（每个备选答案中只有一个最符合题意）

1. 房地产经纪业务档案管理中，按照业务记录的内在联系进行分类和保存的步骤是（　　）。

  A. 收集　　　　　　　　　　B. 整理
  C. 归档　　　　　　　　　　D. 利用

2. 存量房买卖时，专项维修资金账户中的余额应（　　）。

  A. 全部退还给出卖人　　　　B. 一半退还给出卖人
  C. 不予退还出卖人　　　　　D. 全部退还给买受人

3. 商业贷款流程中，办理抵押登记的下一个环节是（　　）。

  A. 买卖双方办理缴税　　　　B. 银行批贷
  C. 买卖双方办理产权过户手续　D. 银行放款

4. 个人信用报告的版本不包括（　　）。

  A. 个人版　　　　　　　　　B. 银行版
  C. 公司版　　　　　　　　　D. 社会版

5. 目前贷款金额最高一般不超过抵押房地产价值的比例为（　　）。

A. 40% B. 50%
C. 60% D. 70%

6. 借款合同一般由（　　）填写。
   A. 借款人 B. 抵押人
   C. 抵押权人 D. 银行

7. 房地产抵押权设立的时间是抵押合同（　　）。
   A. 签订之时 B. 约定之日
   C. 登记之时 D. 履行之时

二、多选题（每个备选答案中有两个或两个以上符合题意）

8. 存量房买卖实地查验的主要内容有（　　）。
   A. 检查房屋结构 B. 装修和设施设备
   C. 家具家电 D. 计量表
   E. 开发企业资质

9. 在房地产经纪业务档案利用过程中，需要保密的材料有（　　）。
   A. 涉及国家秘密的资料 B. 临时管理公约
   C. 涉及技术秘密的资料 D. 涉及个人隐私的资料
   E. 涉及商业秘密的资料

10. 下列属于不动产登记代办中的资料核验内容的有（　　）。
    A. 委托关系 B. 委托人收入
    C. 委托人身份 D. 不动产权属证书
    E. 不动产权属状况

11. 房地产经纪机构接受不动产登记代办委托时，对不动产转移登记权属状况核验的要点有（　　）。
    A. 土地性质 B. 房屋性质
    C. 出租情况 D. 预告登记情况
    E. 所有权归属情况

12. 房地产经纪机构在为客户提供办理贷款的服务时，不应做出承诺的内容有（　　）。
    A. 服务内容 B. 职责范围
    C. 贷款额度 D. 放款期限
    E. 利率

【章节小测答案解析】

1. 【答案】C
【解析】归档就是按照业务记录的内在联系进行分类和保存。
【出处】《房地产经纪操作实务》（第四版）P143

2. 【答案】C
【解析】按照相关规定，房屋买卖时，专项维修资金账户中的余额是不予退还的。
【出处】《房地产经纪操作实务》（第四版）P138

3. 【答案】D

【解析】商业贷款流程为：买卖双方签订房屋买卖合同→办理网签手续（有的城市没有网签）→银行委托房地产评估机构评估房屋抵押价值→买卖双方到银行办理面签手续，银行批贷→买卖双方办理缴税、产权过户手续→办理抵押登记→银行放款。

【出处】《房地产经纪操作实务》（第四版）P144

4.【答案】C

【解析】目前，个人信用报告有三个版本，包括个人版、银行版、社会版。

【出处】《房地产经纪操作实务》（第四版）P146

5.【答案】D

【解析】目前贷款金额最高一般不超过抵押房地产价值的70%。

【出处】《房地产经纪操作实务》（第四版）P148

6.【答案】A

【解析】借款合同要由借款人填写。

【出处】《房地产经纪操作实务》（第四版）P151

7.【答案】C

【解析】登记部门应在规定日期内办完登记手续，不动产抵押权自登记之日成立且立即生效。

【出处】《房地产经纪操作实务》（第四版）P151

8.【答案】ABCD

【解析】存量房买卖实地查验的主要内容包括检查房屋结构、查验装修和设备、查看计量表、检查家具家电、实地户口查验。

【出处】《房地产经纪操作实务》（第四版）P136~137

9.【答案】ACDE

【解析】房地产经纪业务记录，可为社会提供信息查询服务，但对涉及的国家秘密、商业秘密、技术秘密和个人隐私应当予以保密。

【出处】《房地产经纪操作实务》（第四版）P144

10.【答案】CDE

【解析】房地产经纪机构接受不动产登记代办委托时，要对委托人身份、不动产有关的权属证明、不动产的权属状况进行核验。

【出处】《房地产经纪操作实务》（第四版）P158

11.【答案】BCDE

【解析】不动产转移登记权属状况核验要点包括所有权归属情况、房屋性质、抵押情况、预告登记情况、异议登记情况、查封情况、出租情况。

【出处】《房地产经纪操作实务》（第四版）P173

12.【答案】CDE

【解析】房地产经纪机构在为客户提供办理贷款的服务时，必须签订个人住房贷款代办服务合同，明确约定经纪机构的服务内容和责任范围，不对贷款能否获批、贷款额度、利率、放款期限等作出承诺。

【出处】《房地产经纪操作实务》（第四版）P150

第八章 房地产经纪服务礼仪

【章节导引】

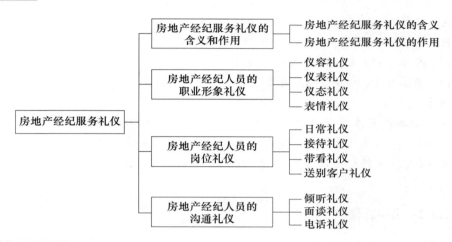

【章节核心知识点】

核心知识点1：房地产经纪服务礼仪的作用

（1）塑造良好的职业形象及企业形象；
（2）创设良好的沟通先机和沟通氛围；
（3）提升服务价值与企业竞争优势。

1．（单选题）房地产经纪服务礼仪的作用不包括（　　）。
　　A．塑造良好的职业形象及企业形象　　B．保障交易安全
　　C．创设良好的沟通先机和沟通氛围　　D．提升服务价值与企业竞争优势
【答案】B
【解析】房地产经纪服务礼仪的作用包括：塑造良好的职业形象及企业形象；创设良好的沟通先机和沟通氛围；提升服务价值与企业竞争优势。
【出处】《房地产经纪操作实务》（第四版）P176～177

核心知识点2：站姿的基本要求和站姿中的不当之处

1．站姿的基本要求
头正、肩平；臂垂；躯挺；腿并；身体重心主要支撑于脚掌、脚弓上；从侧面看，头

部肩部、上体与下肢应在一条垂直线上。

2. 站姿中的不当之处

东倒西歪，无精打采，懒散地倚靠在墙上、桌子上；低着头、歪着脖子、含胸、端肩、驼背；身体重心明显地偏左或偏右；身体下意识地做小动作，用脚捻地、抖脚；在正式场合，将手叉在裤袋里面，双手交叉抱在胸前，或是双手叉腰；两腿交叉站立或双脚左右开立时，双脚距离过大、挺腹翘臀。

1.（单选题）仪态礼仪中，站姿的基本要求不包括（　　）。
   A. 垂臂
   B. 躯挺
   C. 身体重心主要支撑于脚掌、脚弓上
   D. 两腿开立，两脚呈45°夹角

【答案】D

【解析】站姿的基本要求包括：头正、肩平；臂垂；躯挺；腿并；身体重心主要支撑于脚掌、脚弓上；从侧面看，头部肩部、上体与下肢应在一条垂直线上。

【出处】《房地产经纪操作实务》（第四版）P180

核心知识点3：握手礼仪

1. 握手礼仪的基本要求

（1）握手顺序是上级在先、欢迎客人时，主人在先、长者在先、女士在先。

（2）握手时应该站着进行，除非两个人都已经坐下。

（3）行握手礼时上身应稍微前倾，两足立正，伸出右手，距离受礼者约一步，四指并拢，拇指张开，向受礼者握手；握手时上下摆动，礼毕后松开。

（4）握手时应双目注视对方，面带微笑，当手不清洁或有污渍时应事先向对方声明并致歉意。

（5）同客人握手必须由客人先主动伸手，同男客人握手时，手握稍紧；与女客握手时则需轻些。

2. 握手中的常见错误

（1）握手伸出左手。握手时斜视和低头；握手不看对方眼睛。

（2）握手时距离对方太近或太远；握手时间过短或过长；只握手指。

（3）握手时左右摇摆；握手同时拍肩膀。

（4）戴帽子、墨镜、手套握手；隔门槛握手、交叉握手。

（5）别人伸手时，拒绝握手或出手过慢。

（6）握手时伸手不分先后。

1.（多选题）下列关于握手礼仪的说法，正确的是（　　）。
   A. 握手顺序是上级在先　　　　B. 隔门槛握手
   C. 交叉握手　　　　　　　　　D. 握手时伸出左手

E. 握手时上下摆动，礼毕后松开

【答案】AE

【解析】B选项错误，不能隔门槛握手；C选项错误，握手时不能交叉握手；D选项错误，握手时应伸出右手。

【出处】《房地产经纪操作实务》（第四版）P184

核心知识点4：名片礼仪

1. 名片递接的基本要求

（1）递交名片时右手的拇指、食指和中指合拢，夹着名片的右下部分，使对方易于接拿，将名片的文字正向对方，在递交名片的同时做简单的自我介绍。

（2）接拿名片时双手接拿，认真过目；如果是坐着，必须起身接收对方递来的名片。

（3）同时交换名片时，可以右手递名片，左手接名片。

（4）当对方递给你名片之后，如果自己没有名片或没带名片，应当首先向对方表示歉意，再如实说明理由。

（5）要等领导递上名片后才能递上自己的名片；拜访其他公司时，应在同行领导介绍后，再递出名片。

（6）名片原则上应该使用名片夹，名片夹或皮夹置于西装内袋，要保持名片或名片夹的清洁、平整，勿把过时或不洁的名片给人。

2. 名片递接的常见问题

（1）把个人的名片夹放置在裤子后袋中。

（2）无意识地把玩对方的名片。

（3）把对方的名片忘在桌上，或掉在地上。

（4）把接过来的对方名片放入裤兜里。

（5）当场在对方名片上写其他备忘事情。

1. （单选题）递接名片时，不符合礼仪要求的是（　　）。
   A. 递接名片时文字朝向自己
   B. 接拿名片时双手接，认真过目
   C. 要等领导递上名片后才能递上自己的名片
   D. 如果是坐着，必须起身接收对方递来的名片

【答案】A

【解析】递交名片时右手的拇指、食指和中指合拢，夹着名片的右下部分，使对方易于接拿，将名片文字正向对方，在递交名片时做简单的自我介绍。

【出处】《房地产经纪操作实务》（第四版）P184

核心知识点5：电话礼仪

1. 电话沟通礼仪的基本要求

（1）所有电话，需在三声内接答。
（2）接电话时，先问好，再报公司或项目名称并询问"请问我能帮您什么忙吗？"。
（3）带着微笑接听电话。
（4）通话时，手旁准备笔和纸，记录对方所说重点，对方讲完应简单复述一遍以确认。
（5）客户问询时，应礼貌、清晰回答，不清楚的问题马上核实给予答复。
（6）如碰到与客户通话过程中需较长时间查询资料，应不时向对方说一声"正在查找，请您再稍等一会"。
（7）替他人接电话时，应询问对方姓名、电话，为他人提供方便。
（8）通话完毕时，要礼貌道别。

2．电话沟通中的常见问题
（1）问候语使用不当，用"喂"或"你好"回答，而不是："你好，我是××房地产经纪机构"。
（2）打电话"一心多用"。
（3）言而无信，保证过再打电话，但过时不致电，让客户空等。
（4）在不适当的时间致电，表示只说几句话，却迟迟不结束谈话。
（5）不能得体地结束电话，没等对方回答就单方面挂断电话。

1．（单选题）电话礼仪的基本要求不包括（　　）。
    A．所有电话，需在三声后接听
    B．接电话时，先问你好，再报公司或项目名称
    C．通话时，手旁准备笔和纸，记录对方所说重点
    D．通话完毕时，要礼貌道别
【答案】A
【解析】所有电话，需在三声内接听。
【出处】《房地产经纪操作实务》（第四版）P189

【章节小测】

一、单选题（每个备选答案中只有一个最符合题意）
1．关于坐姿的要求的说法，错误的是（　　）。
    A．入座时要轻稳　　　　　　　　B．坐在椅子上时，应坐满椅子
    C．入座后上体自然垂直，挺胸　　D．双目平视，面容平和自然
2．下列关于微笑礼仪的说法，错误的是（　　）。
    A．以良好的职业形象为基础
    B．微笑时要神态自然，热情适度
    C．如果对方微笑在先，应该马上还以微笑
    D．初次见面问候客户，微笑的最佳时间以不超过30秒为宜
3．一般来说，握手的顺序是（　　）。
    A．上级在先　　　　　　　　　　B．男士在先

C. 晚辈在先 D. 下级在先
4. 倾听中的常见问题不包括（　　）。
   A. 客户讲话时没有任何表情或东张西望
   B. 客户讲话时，下意识地经常看手表或手机
   C. 对客户的讲话缺少必要的表情、姿态和语言上的回应
   D. 客户讲话时，始终耐心倾听，不轻易打断对方

二、多选题（每个备选答案中有两个或两个以上符合题意）

5. 从适用的对象和适用的范围来看，礼仪大致可以分为（　　）。
   A. 家庭礼仪 B. 政务礼仪
   C. 服务礼仪 D. 社交礼仪
   E. 校园礼仪
6. 房地产经纪人员的沟通礼仪包括（　　）。
   A. 仪容礼仪 B. 倾听礼仪
   C. 表情礼仪 D. 面谈礼仪
   E. 电话礼仪

【章节小测答案解析】

1.【答案】B
【解析】坐在椅子上时，应坐满椅子的2/3，脊背轻靠椅背。
【出处】《房地产经纪操作实务》（第四版）P181

2.【答案】D
【解析】初次见面问候客户，微笑的最佳时间以不超过7秒为宜。
【出处】《房地产经纪操作实务》（第四版）P182

3.【答案】A
【解析】握手顺序是上级在先、迎接客人时，主人在先、长者在先、女士在先。
【出处】《房地产经纪操作实务》（第四版）P183~184

4.【答案】D
【解析】客户讲话时，始终耐心倾听，不轻易打断对方是倾听礼仪的基本要求，不属于倾听中的常见问题。
【出处】《房地产经纪操作实务》（第四版）P188

5.【答案】BCD
【解析】从适用的对象和适用的范围来看，礼仪大致可以分为政务礼仪、商务礼仪、服务礼仪、社交礼仪和涉外礼仪等。
【出处】《房地产经纪操作实务》（第四版）P175

6.【答案】BDE
【解析】房地产经纪人员的沟通礼仪包括：倾听礼仪、面谈礼仪和电话礼仪。
【出处】《房地产经纪操作实务》（第四版）P176

房地产经纪操作实务模拟卷（一）

一、单项选择题（共80题，每题1分。每题的备选答案中只有1个最符合题意）

1. 房地产经纪业务根据所处的市场类型，可以分为存量房经纪业务和（　　）。
   A．买卖经纪业务　　　　　　　　B．商业房地产经纪业务
   C．新建商品房经纪业务　　　　　D．房地产代理业务

2. 下列信息中，不属于房地产交易信息的是（　　）。
   A．冯某委托A公司出售一套两居室精装修住宅
   B．冯某欲购置一套房产
   C．冯某委托经纪人的联系方式是139××××0000
   D．冯某将自有房屋以700万元的价格挂牌出售

3. 在接待卖方客户时，为了辨别委托人是否有权处置房屋，经纪人需要（　　）。
   A．告知委托人必要事项　　　　　B．了解房屋的实物状况
   C．了解卖房的原因和资金要求　　D．识别卖方主体身份

4. 张某欲委托甲房地产经纪公司出售名下一空置房产，委托阶段需要与该公司签订（　　）。
   A．房屋出售经纪服务合同　　　　B．房屋购买经纪服务合同
   C．房屋委托书　　　　　　　　　D．房屋买卖合同

5. 存量房买卖经纪业务中，为明确双方的权利义务，应尽可能说服客户签订（　　）。
   A．销售代理合同　　　　　　　　B．销售委托书
   C．经纪服务合同　　　　　　　　D．房屋买卖合同

6. 以下房源状况不属于真实房源信息的是（　　）。
   A．业主租售意向十分明确
   B．提供的联系方式可拨通且可联系到业主
   C．房源所在的小区、楼号、房间号均与房源实际地址一致
   D．房屋权属状况不确定

7. 对于房地产经纪服务收费规定，说法正确的是（　　）。
   A．房地产经纪机构可以按照机构自定的规则约定佣金以外的其他报酬
   B．房地产经纪机构制定的佣金要符合规定且明码标价
   C．房地产经纪机构可适当索取佣金以外的其他报酬
   D．房地产经纪机构可以赚取房屋交易差价

8. 实地查看房屋后，经纪人员需要编写（　　）。
   A．住宅使用说明书　　　　　　　B．房屋状况说明书

C. 房屋使用说明书　　　　　　　D. 房屋交易说明书

9. 房源的权属状况属于房源的（　　　）。
   A. 物理属性　　　　　　　　　B. 权属属性
   C. 法律属性　　　　　　　　　D. 心理属性

10. 对于拥有较多潜在优质房源的大型住宅区，房地产经纪人员应使用的房源信息搜集渠道是（　　　）。
    A. 门店接待获取　　　　　　　B. 利用媒体获取
    C. 社区维护获取　　　　　　　D. 联系有关单位获取

11. 目前许多大型房地产经纪机构采用的房源信息处理方式是（　　　）。
    A. 纸张载体　　　　　　　　　B. 媒体
    C. 计算机　　　　　　　　　　D. 计算机联机系统

12. 房源信息的租售状态真实是指（　　　）。
    A. 房源是依法可以出租的房屋　B. 委托人有权出租房地产
    C. 挂牌价是委托人真实报价　　D. 房屋是随时可以交易的

13. 拥有传播范围广、交互性强、受众数量可以统计等特点的房源信息发布渠道是（　　　）。
    A. 报纸　　　　　　　　　　　B. 户外广告
    C. 互联网　　　　　　　　　　D. 电视广告

14. 房地产经纪机构通过当地主流媒体、门店橱窗等媒介发布信息，吸引潜在客户的方法是（　　　）。
    A. 门店接待法　　　　　　　　B. 广告法
    C. 互联网开发法　　　　　　　D. 客户介绍法

15. 适合在指定社区拓展业务的客源搜集方法是（　　　）。
    A. 门店接待法　　　　　　　　B. 广告法
    C. 互联网开发法　　　　　　　D. 讲座揽客法

16. 下列不属于对客源信息的整理的是（　　　）。
    A. 鉴别　　　　　　　　　　　B. 分类
    C. 共享　　　　　　　　　　　D. 记录

17. 根据客户的交易目的，将客户分为（　　　）。
    A. 买房客户和租房客户
    B. 自用客户和投资客户
    C. 机构团体客户和个人客户
    D. 高价位房地产需求客户、中价位房地产需求客户和低价位房地产需求客户

18. 最为权威有效的价格信息搜集渠道是（　　　）。
    A. 政府主管部门网站　　　　　B. 房地产经纪机构的成交实例
    C. 通过交易当事人了解信息　　D. 报纸房地产专版

19. 房地产价格信息依照房地产类型可以分为（　　　）。
    A. 买卖价格、租赁价格　　　　B. 商业类价格、住宅类价格等
    C. 一居室价格、两居室价格等　D. 不同小区的价格

20．下列各种信息中，不属于房地产交易信息的是（　　）。
　　A．房源信息　　　　　　　　　B．客源信息
　　C．房地产经纪机构信息　　　　D．房地产价格信息
21．下列不属于客源需求信息的是（　　）。
　　A．房地产基本状况　　　　　　B．房地产挂牌价格
　　C．目标房地产价格　　　　　　D．配套条件的要求
22．客源的交易信息不包括（　　）。
　　A．委托时间　　　　　　　　　B．客户来源
　　C．目标房地产价格　　　　　　D．成交记录
23．房地产居间（中介）合同和代理合同的分类标准是（　　）。
　　A．按照房地产经纪机构所提供的经纪服务方式
　　B．按照房地产经纪机构所提供的委托事项
　　C．按照房地产经纪机构所提供的房屋内容
　　D．根据房地产交易的类型
24．房地产经纪服务收费价格由（　　）决定。
　　A．市场　　　　　　　　　　　B．客户
　　C．政府主管部门　　　　　　　D．房地产经纪机构
25．房地产经纪机构未能协助委托人订立房地产交易合同，如果责任不在委托人的话，则房地产经纪机构（　　）。
　　A．可以收取部分费用　　　　　B．可以收取活动必要的费用
　　C．可与委托人协商收取费用　　D．不能收取费用
26．房地产经纪机构开展经纪活动的必备条件是（　　）。
　　A．房地产买卖合同　　　　　　B．房地产代理合同
　　C．房地产居间合同　　　　　　D．房地产经纪服务合同
27．房地产经纪机构和委托人之间解决纠纷和争议的有效依据是（　　）。
　　A．房地产买卖合同　　　　　　B．房地产代理合同
　　C．房地产居间合同　　　　　　D．房地产经纪服务合同
28．房地产经纪服务合同纠纷的解决途径不包括（　　）。
　　A．调解　　　　　　　　　　　B．仲裁
　　C．诉讼　　　　　　　　　　　D．行政复议
29．房地产经纪服务中的基本服务完成的标志是（　　）。
　　A．手续办理完毕　　　　　　　B．买卖双方达成一致
　　C．房地产交易合同签订　　　　D．交房完成
30．经纪机构未尽到审查义务导致房屋交易合同无效，则经纪机构（　　）。
　　A．不必退还经纪服务费用　　　B．退还部分经纪服务费用
　　C．退还全部经纪服务费用　　　D．需要和卖方协商
31．房屋实物状况查看的内容不包括（　　）。
　　A．建筑规模　　　　　　　　　B．空间布局
　　C．嫌恶设施　　　　　　　　　D．装饰装修

32. 房屋物业管理状况查看的内容不包括（　　）。
    A．物业服务企业名称　　　　　B．物业负责人
    C．物业服务费标准　　　　　　D．基础设施的维护情况

33. 借助编制房屋状况说明书的过程，掌握房屋真实状况，这体现了编制房屋状况说明书（　　）的作用。
    A．加强对委托房屋状况的全面认识
    B．提升客户对经纪服务的认同和信赖
    C．降低房地产交易风险
    D．防范房地产交易有关纠纷

34. 带客看房前的铺垫工作不包括（　　）。
    A．事先熟悉周边环境和房源　　B．了解交易背景或原因
    C．了解委托人的职业和收入　　D．事先熟悉带看的路线

35. 在签订存量房买卖合同前，房地产经纪人员首先应推荐使用的合同文本是（　　）。
    A．买卖双方自行拟定的文本
    B．委托经纪人员拟定的合同文本
    C．房地产经纪机构自定的合同文本
    D．行业主管部门制定的合同示范文本

36. 下列属于无效合同的是（　　）。
    A．因重大误解订立的合同
    B．订立合同时显失公平的
    C．以合法形式掩盖非法目的的
    D．一方以欺诈手段，使对方在违背真实意思的情况下订立的合同

37. 房地产经纪人员在防范存量房买卖合同风险时，做法错误的是（　　）。
    A．房屋的平面图、户型图等应附在合同中，以便于交付后的使用和维护
    B．需要提示当事人约定具体的房屋交付方式和产权过户的义务
    C．装修是否是交易的条件或内容，不用在合同中写明
    D．为防止争议，还应约定户口迁移条款

38. 房地产经纪人员在指导当事人填写示范合同文本时，应告知买卖双方对于合同中虽未写入但需要明确的事项，可以签订（　　）。
    A．注释条款　　　　　　　　　B．附加条款或者补充协议
    C．意向书　　　　　　　　　　D．预约合同

39. 介绍商品房项目的物业管理情况不包括（　　）。
    A．房屋的质量　　　　　　　　B．前期物业管理
    C．管理规约的情况　　　　　　D．物业管理的收费

40. 王某以100万元的价格购买李某一套住房，王某支付的定金应不超过（　　）万元。
    A．25　　　　　　　　　　　　B．20
    C．35　　　　　　　　　　　　D．30

41. 开发企业与购房人签订新建商品房买卖合同时，采用的是开发企业提供的格式合同，对格式条款有两种以上解释的，应作出不利于（   ）的解释。
    A．购房人   B．开发企业
    C．物业公司   D．销售代理机构

42. 下列关于商品房认购协议书的说法，错误的是（   ）。
    A．完全可以替代正式商品房买卖合同
    B．可以认定为预约合同
    C．可以约定支付定金
    D．一般只是约定购买意向

43. 在新建商品房销售代理业务中，房地产经纪人员应为买方提供的项目查询信息不包括（   ）。
    A．开发进度   B．项目价格
    C．项目销售情况   D．开发企业财务状况

44. 客户购买已竣工验收的新建商品房，应与开发企业签订的合同是（   ）。
    A．商品房买卖（预售）合同   B．商品房买卖（现售）合同
    C．房地产经纪服务合同   D．存量房买卖合同

45. 房地产经纪人员代拟的房屋租赁合同中，需明确（   ）。
    A．房屋出租人的收入水平   B．房屋租金及支付方式
    C．房屋承租人的生活习惯   D．房屋附近的交通情况

46. 出租人李某分别与张某、王某、顾某和刘某签订了房屋租赁合同，与张某的合同成立在先，王某已搬至房屋中居住，和刘某、顾某已办理了租赁合同登记备案，此时房屋的承租人应为（   ）。
    A．张某   B．刘某
    C．顾某   D．王某

47. 面积误差比绝对值超出3%，买受人愿意继续履行合同的，超出3%部分的房价由开发企业承担，所有权归（   ）。
    A．买受人   B．开发企业
    C．测绘公司   D．物业公司

48. 房屋实际面积小于合同约定面积，面积误差比超过 -3% 部分的房价款，由开发企业（   ）返还购房人。
    A．单倍   B．双倍
    C．三倍   D．四倍

49. 根据《担保法》，定金数额不得超过主合同标的的（   ）。
    A．10%   B．15%
    C．20%   D．30%

50. 一方当事人为保证自己的行为不会损害对方利益将一定费用存放在对方处，如造成损害，可以此费用抵扣相关利益损失的钱款是（   ）。
    A．押金   B．定金
    C．首付款   D．违约金

51. 下列关于押金的说法，错误的是（　　）。
    A. 押金适用于租赁合同
    B. 押金适用于买卖合同
    C. 押金不具惩罚性，只能返还和抵扣
    D. 押金是一种具有担保性质的钱款
52. 下列钱款中，不具有担保性质的是（　　）。
    A. 新建商品房预售中，买方支付的3万元购房意向金
    B. 存量房买卖中，卖方承诺按约定迁出户口的5万元保证金
    C. 房屋租赁交易中，承租人支付的3000元押金
    D. 存量房买卖中，买方支付的10万元购房定金
53. 在房地产交易中，为保证卖方的户口可以按约迁出，可以约定使用的钱款是（　　）。
    A. 押金　　　　　　　　　B. 定金
    C. 保证金　　　　　　　　D. 违约金
54. 新建商品房实际面积与买卖合同中约定的面积误差比超过3%时，下列处理方式中，正确的是（　　）。
    A. 据实结算房款
    B. 买方可以要求解除合同
    C. 不解除合同，买方面积误差的一半补齐房价
    D. 不解除合同，买方不补差价
55. 定金支付的时间节点一般为（　　）。
    A. 买卖合同签订当日或约定日　　B. 买卖合同备案或贷款批准后
    C. 办理不动产转移登记手续之前　　D. 房屋交验完成或户口迁出之后
56. 房地产经纪人员在协助买卖双方通过第三方专用账户划转交易资金时，错误的做法是（　　）。
    A. 提醒买卖双方收付款账户要求
    B. 不得擅自划转客户交易结算资金
    C. 可以以经纪公司或经纪人的名义收取监管手续费
    D. 提醒买卖双方进行交易资金监管，并告知资金监管的范围、基本流程和要求
57. 下列关于自行交割房地产交易资金优缺点的说法，正确的是（　　）。
    A. 操作复杂　　　　　　　B. 风险较大
    C. 交易周期长　　　　　　D. 增加客户的信任感
58. 下列关于通过第三方专用账户划转交易资金的说法，错误的是（　　）。
    A. 在交易期间，机构和个人可以挪用资金
    B. 交易失败，交易资金将退还到买方账户
    C. 在实行存量房交易资金监管的城市才具有这种资金交割方式
    D. 交易成功，在产权转移手续完成后，交易资金从监管专用账户划转到卖方指定账户
59. 存量房买卖查验的前期资料准备中，属于买方需要准备的资料的是（　　）。

A．需要支付的款项 B．房屋交接单
C．缴费凭证 D．验房工具

60．存量房租赁查验的前期准备中，属于出租方需要准备的材料的是（ ）。
A．房地产权属证书或相关证明材料 B．需要支付的款项
C．房屋状况说明书 D．验房工具

61．存量房租赁实地查验的内容不包括（ ）。
A．记录计量表读数 B．检查家具、家电
C．检查房屋结构 D．检查设施设备

62．在存量房买卖业务中，说明房屋已转移占有的标志是（ ）。
A．签署房屋买卖合同 B．签署房屋交接单
C．完成房屋所有权转移登记 D．完成房屋转让合同网上签约

63．目前最传统、最常用的房源搜集方式是（ ）。
A．网络媒体获取 B．门店接待
C．熟人推荐 D．社区维护

64．在客源信息表中，不包含的内容是（ ）。
A．客户的收入状况 B．所需房屋的位置、面积、房型
C．客户的贷款方式 D．所需房屋的价格

65．存量房买卖双方在房屋买卖合同中约定，房屋交易价款为200万元，违约金15万元，定金20万元，后经卖方同意，买方实际支付定金16万元，若卖方不履行约定的义务，最多需向买方支付的金额是（ ）万元。
A．15 B．32
C．40 D．16

66．房地产经纪人员王某承办的房屋出售业务中，拟出售的房屋是其同事李某所有的，其正确的做法是（ ）。
A．让李某签约，客户不问，不必主动说明
B．书面如实告知客户并征得其同意
C．直接代李某签订合同
D．为避免客户不必要的猜疑，让李某的妻子来签订合同

67．根据标的房地产交易的类型不同，可以将房地产经纪业务分为（ ）。
A．居住房地产经纪业务和商业房地产经纪业务
B．房地产居间业务和房地产代理业务
C．新建商品房经纪业务和存量房经纪业务
D．房地产买卖经纪业务和房地产租赁经纪业务

68．房地产经纪业务档案的归档原则是（ ）。
A．一个委托项目一份档案 B．一个委托项目两份档案
C．两个委托项目一份档案 D．三个委托项目两份档案

69．关于房地产经纪机构为提供代办房地产贷款服务签订合同及收费的说法，正确的是（ ）。
A．应签订合同，按约定收费

B. 应签订合同，但不能收费
C. 不必签订合同，也不能收费
D. 不必签订合同，直接按标准收取服务费

70. 将收集到的零散的房地产经纪业务信息，按照一定要求和标准进行分类、合并，剔除掉一些不需要保存的信息，从而形成系统化的各类信息的过程是（　　）。
   A. 收集　　　　　　　　　　B. 整理
   C. 归档　　　　　　　　　　D. 利用

71. 在信用交易信息中，报告不展示除查询机构外的其他贷款银行或授信机构名称，目的是保护商业秘密，维护公平竞争的信用报告版本是（　　）。
   A. 个人版　　　　　　　　　B. 银行版
   C. 公司版　　　　　　　　　D. 社会版

72. 根据《征信业管理条例》的规定，个人有权每年免费获取本人的信用报告的次数是（　　）。
   A. 1次　　　　　　　　　　B. 2次
   C. 3次　　　　　　　　　　D. 4次

73. 一般银行对个人征信的要求是（　　）。
   A. 当前不能逾期，半年内不能有两次逾期记录
   B. 当前不能逾期，一年内不能有三次逾期记录
   C. 两年内不能连续3次，累计4次未按时还款
   D. 两年内不能连续2次，累计6次未按时还款

74. 目前，贷款金额最高一般不超过抵押房地产价值的（　　）。
   A. 50%　　　　　　　　　　B. 60%
   C. 70%　　　　　　　　　　D. 80%

75. 借款初期还款压力较大，以后依次递减的还款方式是（　　）。
   A. 双周供还款法　　　　　　B. 等额本息还款法
   C. 等额本金还款法　　　　　D. 等比累进还款法

76. 下列关于贷款期限说法错误的是（　　）。
   A. 个人住房贷款最长期限为30年
   B. 住房的寿命越短，贷款期限会越长
   C. 借款人的年龄越大，贷款期限会越短
   D. 住房的寿命越短，贷款期限会越短

77. 抵押合同终止的情况不包括（　　）。
   A. 抵押所担保的债务已经履行
   B. 抵押合同被解除
   C. 债权人免除债务
   D. 债权转让

78. 抵押合同具有从属性，当债权合同无效时，抵押合同的效力为（　　）。
   A. 无效　　　　　　　　　　B. 有效
   C. 效力待定　　　　　　　　D. 可变更或可撤销

79. 房地产经纪机构收费实行（　　）制度。
   A. 明码标价　　　　　　　　B. 混合标价

C. 捆绑标价　　　　　　　　　　　D. 政府定价

80. 按照房地产经纪机构明码标价制度，房地产经纪机构应（　　）。
   A. 公示收费标准　　　　　　　　B. 混合标价
   C. 捆绑标价　　　　　　　　　　D. 与客户口头约定佣金

二、多项选择题（共 20 题，每题 2 分，每题备选答案中有 2 个或 2 个以上符合题意。错选不得分，少选且正确，每个选项得 0.5 分）

1. 在以下存量房买卖居间业务中，属于房地产经纪机构提供的服务有（　　）。
   A. 提供买卖信息　　　　　　　　B. 市场行情和交易政策咨询
   C. 房屋实地查看和权属调查　　　D. 协助交易资金结算及监管
   E. 装饰装修和家具家电配置

2. 在存量房买卖经纪业务中，接待买方客户需要沟通的信息有（　　）。
   A. 沟通房屋本身的权利状况
   B. 询问买方的购房预算
   C. 告知房屋交易的一般程序及可能存在的风险
   D. 告知经纪服务的内容、收费标准和支付时间
   E. 告知拟购房屋的市场信息

3. 必要的房屋状况信息包括（　　）。
   A. 面积　　　　　　　　　　　　B. 装修
   C. 产权性质　　　　　　　　　　D. 出租人要求的租金
   E. 建筑类型

4. 客源开发的常用策略包括（　　）。
   A. 集中精力开展市场营销活动　　B. 始终关注客户需求
   C. 善用养客策略　　　　　　　　D. 展开以广告为中心的营销手段
   E. 及时挖掘客户信息

5. 客源自身的限制条件包括（　　）。
   A. 付款方式　　　　　　　　　　B. 可支付的购房和贷款资格
   C. 子女入学资格　　　　　　　　D. 可承受的首付款
   E. 可负担的月供

6. 《房屋出售经纪服务合同》中，根据权属证书填写的房屋基本情况包括（　　）。
   A. 权属证书号码　　　　　　　　B. 房屋坐落
   C. 规划用途　　　　　　　　　　D. 价格范围
   E. 有无电梯

7. 房地产经纪服务费用包括（　　）。
   A. 佣金　　　　　　　　　　　　B. 定金
   C. 订金　　　　　　　　　　　　D. 代办服务费
   E. 税费

8. 房屋租赁经纪服务中的实地查看主要包括（　　）。
   A. 房屋区位状况　　　　　　　　B. 实物状况
   C. 物业管理状况　　　　　　　　D. 配置家具、家电情况

E. 房屋使用相关费用
9. 房屋实物状况查看的注意事项包括（ ）。
   A. 查看房顶是否漏水　　　　　　B. 看户型是否方正
   C. 查看采光状况　　　　　　　　D. 观察雨后情形
   E. 关注电梯质量
10. 下列关于名片礼仪的做法，正确的有（ ）。
    A. 当场在对方名片上写其他备忘事情　B. 把对方的名片忘在桌上
    C. 把个人名片夹放在裤子后袋中　　　D. 接拿名片时双手接，认真过目
    E. 等领导递上名片后才能递上自己的名片
11. 下列关于面谈礼仪的做法，正确的有（ ）。
    A. 不管客户情绪多么激动，自己必须保持冷静
    B. 两人以上一起交谈时，要使用所有人均能听懂的语言
    C. 对客户的问询表现关心，并热情回答
    D. 与客户交谈时，注意力分散
    E. 与客户交谈时，使用过多的专业词汇
12. 商品房买卖预售合同风险防范的做法包括（ ）。
    A. 合同备案的约定
    B. 土地与开发情况说明
    C. 面积误差条款的约定
    D. 房屋图纸与结构的确认
    E. 确认开发企业是否已将建成的商品房出租或者已作他用
13. 下列关于房屋租赁合同风险防范说法，错误的是（ ）。
    A. 维修责任如没有特殊约定，通常由承租人承担
    B. 房屋租赁过程中产生的税费由出租人承担
    C. 租赁合同中没有约定转租的，承租人可以转租
    D. 房屋和设施设备正常使用下的风险一般由出租人承担
    E. 承租人按照合同约定的用途使用房屋，否则应承担违约责任
14. 在房屋租赁中，关于押金的说法，正确的是（ ）。
    A. 押金具有担保性质
    B. 押金的适用范围比较广泛
    C. 押金不具有补偿性，但具有惩罚性
    D. 实际操作中，押金一般为1~2个月的租金
    E. 承租人在使用房屋过程中有损毁房屋行为，出租人有权依据合同约定从押金中抵扣相应损失
15. 下列不属于房地产交易资金的有（ ）。
    A. 租金　　　　　　　　　　　　B. 佣金
    C. 保险　　　　　　　　　　　　D. 保证金
    E. 房地产买卖价款
16. 存量房租赁查验的前期准备中，属于承租方需要准备的材料的是（ ）。

A. 身份证明 B. 钥匙
C. 各项缴费凭证 D. 房地产权属证书
E. 需要支付的款项

17. 赵某委托房地产经纪机构代办个人住房商业贷款，下列该机构的做法中，正确的有（　　）。
    A. 为赵某准备高于其实际收入的证明材料
    B. 向赵某承诺贷款金额
    C. 告知赵某当地银行规定的最高贷款成数
    D. 依据赵某年龄告知最长贷款期限
    E. 向赵某推荐利率折扣较大的银行

18. 房地产经纪业务档案管理中，应当予以保密的材料包括（　　）。
    A. 国家秘密 B. 商业秘密
    C. 技术秘密 D. 个人隐私
    E. 前期物业管理合同

19. 客户委托房地产经纪机构代办个人住房贷款时，应考虑的因素包括（　　）。
    A. 收入水平 B. 家庭开支
    C. 客户的储蓄 D. 客户的职位
    E. 家庭理财状况

20. 房地产经纪人员协助客户办理贷款相关手续的主要工作包括（　　）。
    A. 根据银行通知领取批贷函
    B. 带领客户去银行签订借款合同
    C. 协助对抵押房产价值进行评估
    D. 协助客户办理交易资金监管手续
    E. 协助客户到不动产登记部门办理不动产抵押登记手续

房地产经纪操作实务模拟卷（二）

一、单项选择题（共80题，每题1分。每题的备选答案中只有1个最符合题意）

1. 在下列房地产经纪业务中，房地产经纪机构只能代表交易双方中某一方利益的业务是（　　）。
   A. 房地产居间（中介）业务　　　B. 房地产代理业务
   C. 房地产买卖经纪业务　　　　　D. 房地产租赁经纪业务

2. 22岁的精神障碍人士张某（单身）急需出售名下的一套房产，他可以委托（　　）办理。
   A. 父亲张某　　　　　　　　　　B. 祖父张某
   C. 姐姐张某　　　　　　　　　　D. 居民委员会

3. 房地产经纪服务的合法报酬是（　　）。
   A. 定金抽成　　　　　　　　　　B. 交易价款
   C. 差价　　　　　　　　　　　　D. 佣金

4. 下列不属于存量房租赁经纪业务的房源信息是（　　）。
   A. 房屋所有人李某的身份证明　　B. 房屋为临近地铁的两居室
   C. 周边两居室的租金为8000元/月　D. 房屋的室内配套设施齐全

5. 房地产经纪人员到现场查看委托出租房屋时，不需要重点查看房屋的（　　）。
   A. 实物状况　　　　　　　　　　B. 权属证书
   C. 区位状况　　　　　　　　　　D. 内部家具家电情况

6. 在房屋租赁交易结算中，个人承租住房的情形下，经纪人与应提醒承租方按合同约定向出租方交纳押金和租金，一般押金为（　　）。
   A. 1个月租金　　　　　　　　　　B. 3个月租金
   C. 6个月租金　　　　　　　　　　D. 12个月租金

7. 房地产经纪业务的核心工作内容是（　　）。
   A. 获取报酬　　　　　　　　　　B. 促成房地产交易
   C. 提供房地产咨询服务　　　　　D. 签订房地产经纪服务合同

8. 房地产经纪业务包含基本业务和（　　）。
   A. 代理业务　　　　　　　　　　B. 租赁经纪业务
   C. 延伸业务　　　　　　　　　　D. 居间业务

9. 房地产经纪机构收取佣金是在（　　）环节之后。
   A. 完成受托事项　　　　　　　　B. 办理交易资金结算
   C. 办理贷款手续　　　　　　　　D. 协助校验房屋

10. 下列不属于房源的三大属性的是（　　）。

A．物理属性 B．价值属性
C．法律属性 D．心理属性

11．房源信息按照交易次数可以划分为（   ）。
　　A．新建住房和二手住房 B．低密度住宅和高密度住宅
　　C．毛坯房、简装房、精装房 D．平房、楼房

12．下列房源的共享形式中，工作效率高、成交速度快的是（   ）。
　　A．私盘制 B．公盘制
　　C．分区公盘制 D．分区私盘制

13．下列关于房源状态转换的说法中，错误的是（   ）。
　　A．有效状态可转化为定金状态 B．有效状态可转化为签约状态
　　C．签约状态可转化为无效状态 D．无效状态不可转化为有效状态

14．便于与客户互动交流，并且信息更新速度快的存量房房源信息发布渠道是（   ）。
　　A．互联网 B．经纪门店
　　C．报纸 D．电视

15．下列客源信息搜集方法中，更新速度快、时效性强的是（   ）。
　　A．门店接待法 B．广告法
　　C．互联网开发法 D．讲座揽客法

16．直接回应方法是以（   ）为中心的营销手段。
　　A．广告 B．自我宣传
　　C．房源 D．客户

17．客源信息的鉴别和筛选不包括分析客源信息的（   ）。
　　A．公开性 B．准确性
　　C．真实性 D．可信性

18．根据客户的需求或交易类型，可以将客户分为（   ）。
　　A．买房客户和租房客户
　　B．自用客户和投资客户
　　C．机构团体客户和个人客户
　　D．高价位房地产需求客户、中价位房地产需求客户和低价位房地产需求客户

19．下列价格信息搜集渠道中，兼具真实性和时效性的特点是（   ）。
　　A．政府主管部门网站 B．房地产经纪机构的成交实例
　　C．房地产专业网站 D．报纸房地产专版

20．某城市某区域的住宅销售均价在 2017 年 2 月为 16000 元 $/m^2$，在 2018 年 1 月为 17350 元 $/m^2$，2018 年 2 月为 17600 元 $/m^2$，则 2018 年 2 月该住宅销售均价的环比增长率为（   ）。
　　A．1.44% B．8.44%
　　C．9.09% D．10.00%

21．关于客源信息的维护与更新的说法，错误的是（   ）。
　　A．房地产经纪人员需要对客源进行日常跟进维护

B. 房地产经纪人员必须定期和客户保持联系
C. 房地产经纪机构必须督促房地产经纪人员做好客户更新工作
D. 陈旧的客户信息意味着没有价值

22. 下列关于仪容礼仪的说法中，符合仪容礼仪基本要求的是（   ）。
    A. 发行另类   B. 男士脸上胡茬明显
    C. 指甲过长或指甲缝里有污垢   D. 注重口腔清洁，保持口气清新

23. 房地产经纪业务按照交易类型可分为（   ）。
    A. 居间业务和代理业务
    B. 住宅房地产经纪业务、商业房地产经纪业务、工业房地产经纪业务
    C. 转让经纪业务、租赁经纪业务、抵押经纪业务
    D. 出租经纪业务、出售经纪业务、购买经纪业务、承租经纪业务

24. 房地产经纪服务收费标准执行（   ）制度。
    A. 房地产经纪机构定价   B. 政府指导
    C. 行业组织制定   D. 明码标价

25. 《房屋出售经纪服务合同》中权属证书无记载的信息，房地产经纪人员应当（   ）。
    A. 与购买人确认后填写   B. 与承租人确认后填写
    C. 实地查看后填写   D. 不填写

26. 交易双方分别与经纪机构签订了房地产经纪服务合同后，双方签订了买卖合同，但因买方资金问题需要解除房屋买卖合同，且买方支付了经纪活动支出的必要费用，此时，经纪机构（   ）。
    A. 可以索要剩余服务费用   B. 退还已收取的服务费用
    C. 可以向买方提出诉讼   D. 不得索要剩余服务费用

27. 金融机构通常用来衡量偿债能力的指标是（   ）。
    A. 贷款成数   B. 偿还比率
    C. 房租售价比   D. 房租还款比

28. 房地产经纪服务合同明确了经纪机构和委托人的（   ）。
    A. 权利   B. 义务
    C. 利益关系   D. 权利和义务

29. 俗话说"百闻不如一见"，房屋尤其如此，说明房屋具有（   ）。
    A. 交易复杂性   B. 不可移动性
    C. 独一无二性   D. 不可替代性

30. 房屋区位状况查看的注意事项不包括（   ）。
    A. 分析房屋附加价值   B. 调查嫌恶设施
    C. 关注电梯质量   D. 关注景观状况

31. 下列房地产经纪人员在带客实地看房的过程中的做法，错误的是（   ）。
    A. 提醒客户在看房时与业主谈价格 B. 乘电梯让客户先行
    C. 带看途中与客户交流   D. 向客户说明房屋缺点

32. 房地产经纪人员带客实地看房时，做法错误的是（   ）。

A. 约看时间客户"您什么时候有空看房"

B. 与客户大方沟通

C. 了解客户购房动机

D. 根据实际情况安排回访

33. 如果没有特别约定，房屋租赁合同的生效时间是（   ）。

A. 在政府部门备案后   B. 承租人搬至房屋中居住时

C. 双方当事人签字盖章时   D. 出租人交付房屋时

34. 下列人员中，可以自行签订存量房买卖合同的是（   ）。

A. 李某 50 岁，植物人

B. 张某 16 岁，高中学生

C. 周某 20 岁，在校大学生

D. 王某 23 岁，完全不能辨认自己行为能力的精神病人

35. 张某和王某签订了存量房屋买卖合同，房屋总价款为 200 万元，合同约定定金为 20 万元，但张某实际向王某支付了 12 万元，并且王某也接受了，后因王某违约，则应返还给张某定金的数额是（   ）。

A. 40 万元   B. 32 万元

C. 24 万元   D. 20 万元

36. 下列关于房屋买卖合同中的补充协议签字的说法，错误的是（   ）。

A. 所附的图纸也最好能签字，以免产生争议

B. 最好在合同空白处注明"以下空白"字样或打叉划掉

C. 合同某些条款经双方同意进行涂改，所有涂改处一方签字确认即可

D. 如果买卖双方另行签订补充协议的，需要双方当事人在补充协议上签字

37. 以下关于仲裁的说法，错误的是（   ）。

A. 采取一裁终局制

B. 对裁决不服不能上诉

C. 仲裁机构完全由当事人自己选择

D. 在合同中约定了选择仲裁解决纠纷，买卖双方也可以到法院起诉

38. 存量房买卖合同中，一般无需写明的内容是（   ）。

A. 双方当事人的姓名   B. 房屋的坐落

C. 房屋的面积   D. 房屋历史交易情况

39. 出卖人通过认购的方式向买受人收受定金作为订立商品房买卖合同担保的，因不可归责于当事人双方的事由，导致商品房买卖合同未能订立的，出卖人应当（   ）。

A. 将定金返还给买受人   B. 可以收下定金不用返还

C. 将定金双倍返还给买受人   D. 将定金的一半返还给买受人

40. 房地产开发企业在出售尚未竣工的商品房项目时，应当具有（   ）。

A. 住宅使用说明书   B. 商品房预售许可证

C. 商品房现售许可证   D. 住宅质量保证书

41. 如果未取得预售许可证，房地产开发企业与购房人签订的商品房买卖合同（   ）。

A. 有效   B. 无效

C. 效力待定　　　　　　　　　D. 可变更或可撤销

42. 房地产经纪人员代表房地产开发企业和买方签订商品房买卖合同的，合同签订前的准备工作不包括（　　）。

　　A. 事先填好买卖合同的主要条款
　　B. 推荐买卖合同文本
　　C. 向买方披露与房地产开发企业的关系
　　D. 提供项目查询服务

43. 张某与李某签订商品房屋租赁合同，约定合同的有效期为35年，此时租赁合同的效力为（　　）。

　　A. 有效
　　B. 无效
　　C. 效力待定
　　D. 20年内有效，剩余15年部分无效

44. 关于房屋租赁中相关费用和责任的说法，正确的是（　　）。

　　A. 如果没有特别约定，房屋及其设施设备的维修责任由承租人承担
　　B. 如果没有特别约定，水、电、燃气等费用由出租人承担
　　C. 按照法律法规规定，房屋出租需缴纳的相关税费由出租人承担
　　D. 通常情况下，煤气灶、热水器等设备在正常使用下的风险由承租人承担

45. 关于新建商品房买卖合同备案主体的说法，正确的是（　　）。

　　A. 商品房卖方单方办理　　　　B. 商品房买方单方办理
　　C. 商品房买卖双方共同办理　　D. 不能由房地产经纪机构代办

46. 在新建商品房买卖合同中没有约定面积误差处理方式的情况下，可以按合同价格据实结算面积误差绝对值的范围是（　　）。

　　A. ≤3%　　　　　　　　　　B. >3%
　　C. <5%　　　　　　　　　　D. >5%

47. 居住类房地产的租金计价方式一般是（　　）。

　　A. 按套　　　　　　　　　　B. 按面积
　　C. 按建筑面积　　　　　　　D. 按套内建筑面积

48. 李某与甲房地产开发企业签订商品房屋预售合同，合同约定房屋的预测面积为125m²，房屋单价为5000元/m²，实际交房后发现房屋的实测面积为120m²，则开发企业应返还给李某房屋价款为（　　）。

　　A. 18750元　　　　　　　　B. 25000元
　　C. 31250元　　　　　　　　D. 36250元

49. 张某购买李某名下的一套房屋，约定房屋总价为400万元，张某向李某支付定金40万元，后李某以房价上涨为由，拒绝继续履行合同，此时李某应返还给张某的定金数额是（　　）。

　　A. 20万元　　　　　　　　　B. 40万元
　　C. 80万元　　　　　　　　　D. 120万元

50. 房屋买卖双方在房屋买卖合同订立时，为担保合同的履行，依据法律规定或者双

方约定，买方按买卖价款的一定比例，预先给付卖方的钱款是（   ）。

  A．押金   B．定金

  C．首付款   D．违约金

51．下列关于违约金的说法，错误的是（   ）。

  A．违约金与定金可以并用

  B．违约金具有担保债务履行的作用

  C．违约金具有惩罚违约方和补偿无过错方所受损失的效果

  D．约定的违约金过分高于造成损失的，当事人可以请求人民法院或仲裁机关予以适当减少

52．合同当事人一方或双方为保证合同的履行，而留存于对方或提存于第三方的钱款是（   ）。

  A．押金   B．定金

  C．保证金   D．违约金

53．在住房买卖中，买方最常用的贷款方式是（   ）。

  A．个人住房抵押贷款   B．个人信用贷款

  C．住房消费贷款   D．房地产开发贷款

54．与一次性付款购房相比，个人住房贷款购房还应办理（   ）登记。

  A．不动产转移   B．不动产质押

  C．不动产抵押   D．不动产典当

55．如果买卖双方坚持自行交割房地产交易资金，下列房地产经纪人员的做法错误是（   ）。

  A．提醒双方自行交割存在的风险

  B．告知双方交易资金监管的要求

  C．要求双方签署交易资金自行划转声明

  D．收取自行交割风险担保金

56．下列为买卖双方自行交割房地产交易资金的环节，其中顺序正确的是（   ）。

① 买卖双方办理缴税及不动产转移登记手续，买方取得不动产权证书；② 如买方需要贷款，办理抵押贷款手续，银行批贷；③ 买方或贷款银行支付剩余购房款给卖方；④ 买卖双方签订存量房买卖合同；⑤ 买方按合同约定的时间和方式支付定金或首付款至卖方指定账户；⑥ 买方或贷款银行支付部分购房款给卖方。

  A．④⑤②⑥①③   B．④⑤②⑥③①

  C．②⑤④⑥①③   D．⑤④②⑥①③

57．下列房地产交易资金交割方式中，安全性最高的是（   ）。

  A．交易当事人自行现金交割

  B．交易当事人自行通过银行转账交割

  C．交易当事人自行通过支票转账交割

  D．交易当事人通过第三方专用账户进行房地产交易资金交割

58．存量房交易资金监管的期限为（   ）。

  A．交易资金存入监管账户起至房屋交付时为止

B. 交易资金存入监管账户起至物业交割时为止

C. 交易资金存入监管账户起至户口迁出时为止

D. 交易资金存入监管账户起至不动产权证书颁发为止

59. 存量房买卖查验的前期资料准备中，属于卖方需要准备的资料的是（　　）。
   A. 需要支付的款项　　　　　　B. 房屋交接单
   C. 缴费凭证　　　　　　　　　D. 验房工具

60. 存量房租赁查验的前期准备中，属于房地产经纪人员需要准备的材料的是（　　）。
   A. 身份证明　　　　　　　　　B. 需要支付的款项
   C. 房屋状况说明书　　　　　　D. 房地产权属证书或相关证明材料

61. 在办理房屋交接手续时，房地产经纪人员要根据现场查看情况，边查边记录下房屋及各项设施设备的基本状况，并填写（　　）。
   A. 房屋交接单　　　　　　　　B. 房屋状况说明书
   C. 住宅使用说明书　　　　　　D. 住宅质量保证书

62. 房屋交接单有时也被称为（　　）。
   A. 房屋确认书或房屋确认表　　B. 房屋环境情况表
   C. 房屋状况说明书　　　　　　D. 房屋设施运行情况表

63. 下列关于目光交流礼仪基本要求的说法，错误的是（　　）。
   A. 目光稳定平视与直视　　　　B. 目光与语言有机结合
   C. 用目光提升语言的价格　　　D. 上下打量对方或者眼珠转来转去

64. 业主因预测房价下跌，而调低报价以尽快实现交易，这是房源（　　）属性的体现。
   A. 物理　　　　　　　　　　　B. 法律
   C. 实物　　　　　　　　　　　D. 心理

65. 关于不动产登记代办收费的说法，错误的是（　　）。
   A. 代办费用中应包括由委托人缴纳的税费
   B. 收费标准应在经营场所醒目位置公示
   C. 收费标准应当遵守经纪服务收费管理的相关法律法规
   D. 代办费用应在合同中明确

66. 对于为改善居住空间而购房的客户，体现其刚性需求的购房要求是（　　）。
   A. 小区绿化覆盖率高　　　　　B. 小区在繁华商业区附近
   C. 房屋面积满足需求　　　　　D. 附近有优质幼教机构

67. 下列房地产广告语中，不符合《房地产广告发布规定》的是（　　）。
   A. 项目离地铁 2 号线 ×× 站 300m
   B. 旺铺回租，风水宝地
   C. 三室一厅户型，建筑面积在 102~131m² 之间
   D. 开盘首日签订购房合同，可享受标价 9 折优惠

68. 关于房地产经纪业务档案管理的说法，错误的是（　　）。
   A. 档案管理包括收集、整理、归档和利用四个环节
   B. 房地产经纪业务信息的归档，需按照"一个委托一个档案"的原则归档

C. 房地产经纪业务记录无条件对社会公众开放
D. 房地产经纪业务记录中涉及商业秘密的应予以保密

69. 专职档案管理人员将分散在房地产经纪机构各分支机构或门店的房地产经纪业务记录集中在一起的过程是（   ）。
    A. 收集	B. 整理
    C. 归档	D. 利用

70. 房屋买卖中购房人需要办理贷款，组合贷款的第一个环节是（   ）。
    A. 产权过户
    B. 银行放款
    C. 买卖双方签订房屋买卖合同
    D. 买卖双方到银行办理面签手续，银行批贷

71. 目前我国商业银行普遍采用的个人信贷征信是（   ）。
    A. 中国人民银行征信中心出具的个人信用报告
    B. 中国银行征信中心出具的个人信用报告
    C. 住房和城乡建设部出具的信用报告
    D. 国家统计局出具的信息报告

72. 个人信用报告的版本不包括（   ）。
    A. 个人版	B. 银行版
    C. 公司版	D. 社会版

73. 消费者了解自己信用状况，主要展示信息主体的信贷信息和公共信息的征信报告版本是（   ）。
    A. 个人版	B. 银行版
    C. 公司版	D. 社会版

74. 展现个人的信用汇总信息的信用报告版本是（   ）。
    A. 个人版	B. 银行版
    C. 公司版	D. 社会版

75. 大多数银行都对个人住房抵押贷款规定了最高偿还比率，一般为（   ）。
    A. 60%	B. 50%
    C. 40%	D. 30%

76. 各期还款压力是一样的还款方式是（   ）。
    A. 双周供还款法	B. 等额本息还款法
    C. 等额本金还款法	D. 等比累计还款法

77. 下列不属于抵押合同内容的是（   ）。
    A. 利率	B. 抵押财产的价值
    C. 抵押权灭失的条件	D. 主债权的种类、数额

78. 个人住房抵押贷款中，抵押权人一般为（   ）。
    A. 银行	B. 中介公司
    C. 物业公司	D. 开发企业

79. 不动产抵押权设立的时间是抵押合同（   ）。

A. 签订之时 B. 约定之日
C. 登记之时 D. 履行之时

80. 下列为代办不动产抵押登记的流程，其中正确的流程是（　　）。
①收集相关材料；②前往登记部门办理登记；③签订委托合同；④领取不动产登记证明；⑤介绍相关政策及流程；⑥了解权属状况。
A. ⑤⑥③①②④ B. ⑥⑤①③②④
C. ⑥③⑤④②① D. ①⑥③②⑤④

二、多项选择题（共20题，每题2分，每题备选答案中有2个或2个以上符合题意。错选不得分，少选且正确，每个选项得0.5分）

1. 根据房地产用途划分，下列属于商业房地产经纪业务的是（　　）。
A. 各类批发市场 B. 写字楼
C. 物流仓储用房 D. 别墅
E. 零售物业

2. 在确认卖方客户委托意向的情况下，需要查看或提醒委托人准备的材料有（　　）。
A. 房地产权属证书原件及复印件
B. 房屋所有权人的身份证明原件及复印件
C. 共有人同意出售证明
D. 房屋出售的委托协议书
E. 受托人身份证明原件及复印件

3. 房地产价格信息的鉴别和修正是指分析价格信息的（　　）。
A. 时效性 B. 公开性
C. 准确性 D. 真实性
E. 客户的信赖度

4. 发布房源信息之前，房地产经纪人员应当（　　）。
A. 签订房地产经纪服务合同 B. 核验房源产权
C. 征得委托人口头同意 D. 房屋实地查看
E. 确定成交价格

5. 新建商品房销售代理业务的主要环节有（　　）。
A. 办理不动产权证书 B. 现场销售
C. 交验结佣 D. 办理预售许可
E. 销售筹备

6. 中国房地产估价师与房地产经纪人学会发布的《房屋购买经纪服务合同》推荐文本的主要内容包括（　　）。
A. 房屋基本情况 B. 委托挂牌价格
C. 经纪服务费用 D. 服务期限和完成标准
E. 经纪服务内容

7. 在《房屋承租经纪服务合同》中，由承租人确认后填写的信息包括（　　）。
A. 房屋的规划用途 B. 有无电梯
C. 租金范围 D. 租赁期限

E. 权属证书号码

8. 房地产经纪服务合同的常见错误包括（　　）。
   A. 证件信息填写有误　　　　　B. 未明确界定服务内容
   C. 未标明有效期限　　　　　　D. 未明确解决纠纷途径
   E. 格式合同空白处留白

9. 张某的房屋为从房地产开发企业购买的商品房，在出售时应同时交付原有的"两书"，"两书"是指（　　）。
   A. 装修使用说明书　　　　　　B. 住宅使用说明书
   C. 住宅质量说明书　　　　　　D. 住宅质量保证书
   E. 住宅使用保证书

10. 在存量房买卖合同中，卖方权利瑕疵担保的内容包括（　　）。
    A. 是否为满五唯一房屋　　　　B. 是否为学区房
    C. 是否有抵押　　　　　　　　D. 是否查封
    E. 是否出租

11. 下列房屋不可以出租的有（　　）。
    A. 违法建筑
    B. 共有权人同意出租的房屋
    C. 经出租人同意转租的房屋
    D. 违反规定改变房屋使用性质的房屋
    E. 不符合安全、消防、防灾等工程建设强制性标准的房屋

12. 房地产经纪人员代拟房屋租赁合同，签约前要做的准备工作包括（　　）。
    A. 权利瑕疵的说明　　　　　　B. 选择租赁合同文本
    C. 相关图纸与附件的确认　　　D. 实地查看和如实介绍房屋使用情况
    E. 提示双方注意房屋设施设备状况

13. 下列情形中，承租人无法行使优先购买权的有（　　）。
    A. 房屋按份共有人行使优先购买权
    B. 出租人将房屋出售给大学同学
    C. 出租人将房屋出售给自己的女儿
    D. 出租人将房屋出售给自己的父亲
    E. 出租人履行通知义务后，承租人在15日内未明确表示购买的

14. 下列款项中，不具有担保性质的是（　　）。
    A. 定金　　　　　　　　　　　B. 意向金
    C. 押金　　　　　　　　　　　D. 违约金
    E. 订金

15. 新建商品房买卖中，房地产经纪人员如推荐买方使用一次性付款方式，需要满足的条件有（　　）。
    A. 购房者资金充足　　　　　　B. 开发企业信誉良好
    C. 购房者具有贷款资格　　　　D. 买卖双方相互熟悉
    E. 经纪人员与开发企业关系良好

16. 存量房买卖查验的前期准备中，房地产经纪人需要准备的材料有（   ）。
    A．身份证明   B．验房工具
    C．房屋交接单   D．各项缴费凭证
    E．房屋状况说明书

17. 下列客户类型中，按照客户所需房地产类型分类的有（   ）。
    A．写字楼客户   B．租房客户
    C．住宅客户   D．买房客户
    E．商铺客户

18. 房地产经纪业务中，需要保存的资料包括（   ）。
    A．房屋租赁合同   B．房地产经纪服务合同
    C．房地产权属证书复印件 D．购房人与银行签订的贷款合同
    E．房屋状况说明书、房屋查验报告

19. 个人住房贷款代办服务合同的主要内容包括（   ）。
    A．委托事项
    B．服务收费
    C．委托双方的权利和义务
    D．房屋的坐落、权利状况
    E．土地使用权性质、土地用途、土地使用权剩余年限

20. 个人住房贷款方案的组成要素包括（   ）。
    A．贷款银行   B．贷款成数
    C．担保方式   D．贷款期限
    E．偿还比率

房地产经纪操作实务模拟卷（一）答案解析

一、单项选择题

1.【答案】C

【解析】根据标的房地产所处的市场类型，可以分为新建商品房经纪业务和存量房经纪业务。

【出处】《房地产经纪操作实务》（第四版）P1

2.【答案】C

【解析】房地产交易信息包括：房源信息、客源信息和价格信息，其中A选项属于房源信息；B选项欲购置房屋，明显属于客源信息；C选项为物业管理信息，不属于房地产交易信息范畴；D选项指的是700万元成交价格，属于房地产交易信息中的价格信息。

【出处】《房地产经纪操作实务》（第四版）P3

3.【答案】D

【解析】为辨别委托人是否有权利处置房屋，需辨识其身份，包括是否是房屋所有人、是否具有民事行为能力等。

【出处】《房地产经纪操作实务》（第四版）P3～5

4.【答案】A

【解析】张某欲委托经纪公司出售空置房产，属于存量房买卖居间业务，在委托阶段，作为卖方客户需要与经纪公司签订房屋出售经纪服务合同。

【延展】B选项属于存量房买卖居间业务中，买方客户在委托阶段需要与经纪公司签订的合同类型；C选项房屋委托书是指委托人为了授权他人代为办理房屋的购买、出售、互换、继承、受遗赠、租赁、抵押等事宜而单方签署的法律文书。D选项房地产买卖合同是在新建商品房销售代理业务中，协助签约阶段需要签订的内容。

【出处】《房地产经纪操作实务》（第四版）P6

5.【答案】C

【解析】由于我国目前房地产经纪业务普遍采取多家委托的方式，双方可能同时委托多家经纪机构提供经纪服务，因此可能对签订经纪服务合同有抵触。但为了确保经纪业务的安全性，应尽量说服客户签订经纪服务合同。

【出处】《房地产经纪操作实务》（第四版）P6

6.【答案】D

【解析】发布房源信息要真实，符合依法可以租售、租售意思真实、房屋状况真实、租售价格真实、租售状态真实的要求。D选项不符合房屋状况真实。

【出处】《房地产经纪操作实务》（第四版）P7

7.【答案】B

【解析】买卖双方签订房地产买卖合同后，经纪机构就可以按照房地产经纪服务合同的约定收取佣金。对房地产经纪服务收费有相关规定的城市，房地产经纪机构制定的佣金标准要符合规定，并明码标价。

【出处】《房地产经纪操作实务》（第四版）P8

8.【答案】B

【解析】实地查看房屋后，经纪人员需要编写房屋状况说明书。

【出处】《房地产经纪操作实务》（第四版）P11

9.【答案】C

【解析】房源的法律属性主要包括房源的合法用途及其权属状况。

【出处】《房地产经纪操作实务》（第四版）P21

10.【答案】C

【解析】社区维护获取，是指房地产经纪人员在居住社区开展宣传活动、陌生拜访或者通过为该社区居民提供房地产咨询服务等，引起业主的关注，从而获取房源信息的方式。对于拥有较多潜在优质房源的大型住宅区，房地产经纪人员应重视这一获取方式的运用。

【出处】《房地产经纪操作实务》（第四版）P22

11.【答案】D

【解析】计算机联机系统是目前许多大型房地产经纪机构所采用的房源信息处理方式。

【出处】《房地产经纪操作实务》（第四版）P24

12.【答案】D

【解析】这里有两个要求：一是房源信息中的房屋是随时可以交易的，而不是已经签约或者委托人的出售、出租意向尚不明确的房屋；二是经纪机构与出售或出租委托人之间的委托关系在有效期内。

【出处】《房地产经纪操作实务》（第四版）P30

13.【答案】C

【解析】通过互联网发布房地产广告具有传播范围广、交互性强、受众数量可准确统计等优点，但相比其他媒体，在一些特定地区或特定人群中互联网的覆盖率偏低。

【出处】《房地产经纪操作实务》（第四版）P32

14.【答案】B

【解析】广告法是指房地产经纪机构或房地产经纪人员通过在当地主流媒体、房地产专业媒体、门店橱窗或者其他媒介上发布房源信息，利用发布的房源信息吸引潜在客户，从而获得客源信息的方法。

【出处】《房地产经纪操作实务》（第四版）P35

15.【答案】D

【解析】讲座揽客法是通过为社区、团体或特定人群举办讲座来发展客户的方法。此种方法常用于在社区拓展业务。

【出处】《房地产经纪操作实务》（第四版）P36

16.【答案】C

【解析】客源信息的整理通常包括对客源信息的鉴别和筛选、分类、记录和储存几个环节。

【出处】《房地产经纪操作实务》(第四版) P39

17.【答案】B
【解析】根据客户的交易目的,可以将客户分为自用客户和投资客户。
【出处】《房地产经纪操作实务》(第四版) P40

18.【答案】A
【解析】政府部门所掌握的价格信息有以下两个特点:权威有效;时效性相对较差。
【出处】《房地产经纪操作实务》(第四版) P47

19.【答案】B
【解析】根据房地产类型,可以将房地产价格分为商业类价格、住宅类价格等。
【出处】《房地产经纪操作实务》(第四版) P48

20.【答案】C
【解析】房地产交易信息包括房源信息、客源信息和房地产价格信息。
【出处】《房地产经纪操作实务》(第四版) P20

21.【答案】B
【解析】常见的客源需求有:房地产基本状况;目标房地产价格;配套条件的要求;特别需求。
【出处】《房地产经纪操作实务》(第四版) P35

22.【答案】C
【解析】客源的交易信息是对客户服务直至成交过程的记录,内容包括委托交易编号、委托时间、客户来源、推荐记录、看房记录、洽谈记录和成交记录等。
【出处】《房地产经纪操作实务》(第四版) P35

23.【答案】A
【解析】按照房地产经纪机构所提供的经纪服务方式,可将房地产经纪服务合同分为房地产居间(中介)合同和房地产代理合同。
【出处】《房地产经纪操作实务》(第四版) P54

24.【答案】A
【解析】2014年12月27日,《国家发展改革委关于放开服务价格意见的通知》(发改价格〔2014〕2755号)将房地产经纪服务、律师服务等7项服务价格放开,由市场决定收费价格。
【出处】《房地产经纪操作实务》(第四版) P60

25.【答案】D
【解析】房地产经纪机构未能协助委托人订立房地产交易合同,或者订立的房地产交易合同无效,如果责任不在委托人的话,房地产经纪机构就无权收取费用。
【出处】《房地产经纪操作实务》(第四版) P60

26.【答案】D
【解析】房地产经纪服务合同是房地产经纪机构与委托人之间约定权利义务的书面文件,是经纪机构开展经纪活动的必要条件。
【出处】《房地产经纪操作实务》(第四版) P53

27.【答案】D

【解析】房地产经纪服务合同的作用，一是，确立了房地产经纪机构与委托人之间的委托关系。二是，明确了房地产经纪机构和委托人的权利和义务。三是，建立了房地产经纪机构和委托人之间解决纠纷和争议的有效依据。

【出处】《房地产经纪操作实务》（第四版）P53

28．【答案】D

【解析】房地产经纪服务合同的解决途径主要包括调解、仲裁、司法诉讼等。

【出处】《房地产经纪操作实务》（第四版）P63

29．【答案】C

【解析】基本服务完成的标志是房地产交易合同签订。

【出处】《房地产经纪操作实务》（第四版）P60

30．【答案】C

【解析】因交易双方隐瞒有关信息或经纪机构未尽到审查义务导致房屋交易合同无效，经纪机构须退还经纪服务费用。

【出处】《房地产经纪操作实务》（第四版）P65

31．【答案】C

【解析】房屋实物状况查看的内容包括：建筑规模；空间布局；房屋用途；层高或室内净高；房龄（或竣工日期、建成年月、建成年份、建成年代）；装饰装修；设施设备；通风、保温、隔热、隔声、防水等情况；梯户比。

【出处】《房地产经纪操作实务》（第四版）P71

32．【答案】B

【解析】房屋物业管理状况查看的内容包括：① 物业服务企业名称；② 物业服务费标准和服务项目；③ 基础设施的维护情况和周边环境的整洁程度。

【出处】《房地产经纪操作实务》（第四版）P71

33．【答案】C

【解析】房地产交易涉及交易金额巨大，房屋产权状况、交易条件、嫌恶设施等方面的任何信息偏差都可能引发交易风险，给当事人带来重大经济损失。通过编制房屋状况说明书，掌握房屋真实状况，有效降低交易风险。

【出处】《房地产经纪操作实务》（第四版）P75

34．【答案】C

【解析】带领客户实地看房前的铺垫工作有：① 事先熟悉周边环境和房源。② 了解交易的背景或原因。③ 事先熟悉带看的路线。④ 带齐物品。⑤ 备足时间。

【出处】《房地产经纪操作实务》（第四版）P82~83

35．【答案】D

【解析】经纪人员首先推荐使用行业主管部门制定的示范合同文本。

【出处】《房地产经纪操作实务》（第四版）P87

36．【答案】C

【解析】违反法律法规强制性规定、违背公序良俗、恶意串通，损害他人合法权益的行为无效。

【出处】《房地产经纪操作实务》（第四版）P91

37.【答案】C

【解析】装修是否是交易的条件或内容，一定要在合同中写明。

【出处】《房地产经纪操作实务》（第四版）P95

38.【答案】B

【解析】房地产经纪人员在指导当事人填写示范合同文本时，应告知买卖双方：对于合同中虽未写入但需要明确的事项，可以通过合同的附加条款或者补充协议进行另外的约定。

【出处】《房地产经纪操作实务》（第四版）P93

39.【答案】A

【解析】物业管理情况包括前期物业管理、管理规约的情况和物业管理的收费情况等。

【出处】《房地产经纪操作实务》（第四版）P100

40.【答案】B

【解析】《中华人民共和国民法典》规定定金的数额不得超过主合同标的（购房款、合同租金）的20%，因此王某支付的定金应不超过100×20% = 20（万元）。

【出处】《房地产经纪操作实务》（第四版）P122

41.【答案】B

【解析】对格式条款有两种以上解释的，应当作出不利于提供格式条款一方的解释，即这种情况下法律上作出不利于制作方即房地产开发企业的解释。

【出处】《房地产经纪操作实务》（第四版）P102

42.【答案】A

【解析】买方确定购买意向后，很多开发企业采取签订认购协议书或者意向书的方式锁定客户。这类认购协议书或者意向书并不能代替正式的商品房买卖合同。

【出处】《房地产经纪操作实务》（第四版）P101

43.【答案】D

【解析】在签订买卖合同前，房地产经纪人员可以帮助买方核对开发企业提供的有关预售资料，如核对预售许可证、其他证照信息等。并提供网上查询服务。应告知买方也可以亲自查询有关项目信息；并告知买方项目开发的具体情况，如开发进度、竣工日期及项目是否办理过抵押等情况；买方有权了解项目的价格、销售等情况；有权实地考察项目及其配套的设施设备情况。

【出处】《房地产经纪操作实务》（第四版）P100~101

44.【答案】B

【解析】预售的项目是未通过竣工验收的，应签订的是商品房买卖（预售）合同。现售的项目是已经通过竣工验收的，应签订的是商品房买卖（现售）合同。

【出处】《房地产经纪操作实务》（第四版）P102

45.【答案】B

【解析】房地产经纪人员应提醒当事人在合同中明确租金的支付方式，如年付、月付等，及如何支付及延迟支付的责任。

【出处】《房地产经纪操作实务》（第四版）P111

46.【答案】D

【解析】按照有关司法解释，同一房屋订立数份租赁合同，在合同均有效的情况下，按下列顺序确定履行合同的承租人：① 已经合法占有租赁房屋的；② 已经办理登记备案手续的；③ 合同成立在先的。本题中王某已搬至房屋中居住，已合法占有房屋。

【出处】《房地产经纪操作实务》（第四版）P111

47.【答案】A

【解析】面积误差比绝对值超出 3%，购房者愿意继续履行合同的，超出 3% 部分的房价由开发企业承担，所有权归买受人。

【出处】《房地产经纪操作实务》（第四版）P121

48.【答案】B

【解析】房屋实际面积小于合同约定面积，面积误差比超过 -3% 部分的房价款，由开发企业双倍返还购房人。

【出处】《房地产经纪操作实务》（第四版）P121

49.【答案】C

【解析】根据《中华人民共和国民法典》的规定，定金数额不得超过主合同标的的 20%。

【出处】《房地产经纪操作实务》（第四版）P122

50.【答案】A

【解析】押金是一方当事人为保证自己的行为不会损害对方利益将一定费用存放在对方处，如造成损害，可以此费用抵扣相关利益损失的钱款。

【出处】《房地产经纪操作实务》（第四版）P122

51.【答案】B

【解析】押金的使用范围并不广泛，只适用于租赁合同、承包合同、医疗合同等有限的合同中。

【出处】《房地产经纪操作实务》（第四版）P122

52.【答案】A

【解析】订金、意向金等的性质不同于定金，不具有担保性。

【出处】《房地产经纪操作实务》（第四版）P123

53.【答案】C

【解析】房地产交易中，为保证房地产可以正常交割或卖方的户口按约定迁出，买卖双方可以在房地产买卖合同中约定物业交割保证金（交房保证金）、户口迁出保证金等条款。

【出处】《房地产经纪操作实务》（第四版）P123

54.【答案】B

【解析】面积误差比绝对值超出 3%，购房者不要求解除合同，愿意继续履行合同的，若房屋实际面积大于合同约定面积，在 3% 以内含（3%）的房价款由购房者按合同约定的价格补足；超出 3% 部分的房价款由开发企业承担，所有权归购房者；房屋实际面积小于合同约定面积，面积误差比在 -3% 以内（含 -3%）部分的房价款及利息，由开发企业返还购房者，面积误差比超过 -3% 部分的房价款，由开发企业双倍返还购房者。

【出处】《房地产经纪操作实务》（第四版）P121

55.【答案】A

【解析】分阶段的付款方式中，买方支付各款项的时间节点一般如下：① 定金一般在房地产买卖合同签订当日或约定日支付，约定日一般在房屋买卖合同备案之前；② 首付款和第二期房款在买卖合同备案或贷款批准后，办理不动产转移登记手续前支付；③ 尾款在房屋交验完成或户口迁出后支付。

【出处】《房地产经纪操作实务》（第四版）P126

56.【答案】C

【解析】房地产交易资金结算阶段，房地产经纪人员要做到以下几点：① 提醒买卖双方进行交易资金监管，并告知资金监管的范围、基本流程和要求；② 不擅自划转客户交易结算资金；③ 核对买卖双方收付款的姓名及账号，确保无误，否则可能导致无法办理转款手续；④ 核对买卖双方收付款账户要求；⑤ 向买卖双方解释资金监管协议的内容及其他相关事项；⑥ 提前向需要贷款的买方准备好贷款相关资料，到银行申请贷款；⑦ 提前提醒买方当前可申请的贷款金额、年限及利率与个人信用有关，最终以银行批复结果为准；⑧ 不得以任何名义擅自收取交易资金监管手续费用。

【出处】《房地产经纪操作实务》（第四版）P133

57.【答案】B

【解析】房地产交易资金自行交割的优点是：操作简单；缺点是：在存量房交易中，对于买方而言，已交割资金的安全无任何保障及约束，风险较大。

【出处】《房地产经纪操作实务》（第四版）P127

58.【答案】A

【解析】交易期间，任何个人和机构不得挪用交易资金。

【出处】《房地产经纪操作实务》（第四版）P128

59.【答案】A

【解析】B、D 选项属于经纪人员需要准备的资料，C 选项属于卖方需要准备的资料。

【出处】《房地产经纪操作实务》（第四版）P135

60.【答案】A

【解析】B 选项属于承租人需要准备的材料，C、D 选项属于房地产经纪人员需要准备的资料。

【出处】《房地产经纪操作实务》（第四版）P136

61.【答案】C

【解析】存量房租赁实地查验的内容包括：检查设施设备；检查家具家电；记录计量表读数；测试钥匙、门禁卡。C 选项为存量房买卖实地查看的内容。

【出处】《房地产经纪操作实务》（第四版）P137

62.【答案】B

【解析】签署房屋交接单后说明房屋已经转移占有。

【出处】《房地产经纪操作实务》（第四版）P139

63.【答案】B

【解析】门店接待是房地产经纪人员比较传统的收集房源信息的方式，也是目前最常用的方式。

【出处】《房地产经纪操作实务》（第四版）P22

64.【答案】A

【解析】客源信息包括3个方面的基本要素,分别是客源基础资料、客源的需求信息和客源的交易信息。其中不包括客户的收入状况。

【出处】《房地产经纪操作实务》(第四版)P35

65.【答案】B

【解析】定金的作用是担保合同的履行,如果给付定金的一方违约,则无权要求返还定金;如果收取定金的一方违约,则应当双倍返还定金。定金数额一般由买卖、租赁双方谈判确定,定金一般一次性交付,定金与违约金不能同时并用,则该题最多支付为16×2＝32万元。

【出处】《房地产经纪操作实务》(第四版)P122

66.【答案】B

【解析】房地产经纪机构和房地产经纪人员存在以下情形的,应当回避或如实披露并征得另一方当事人同意:① 与房屋出卖人或者出租人有利害关系;② 与房屋承购人或者承租人有利害关系的。

【出处】《房地产经纪操作实务》(第四版)P57

67.【答案】D

【解析】根据房地产交易的类型,可以分为房地产买卖经纪业务和房地产租赁经纪业务。

【出处】《房地产经纪操作实务》(第四版)P1

68.【答案】A

【解析】房地产经纪业务信息的归档,要按照"一个委托项目一份档案"的原则建档。

【出处】《房地产经纪操作实务》(第四版)P143

69.【答案】A

【解析】房地产经纪机构提供代办贷款、代办房地产登记等其他服务的,应向委托人说明服务内容、收费标准等情况,经委托人同意后,另行签订合同。

【出处】《房地产经纪操作实务》(第四版)P145

70.【答案】B

【解析】整理是指将收集到的零散的房地产经纪业务信息,按照一定要求和标准进行分类、合并,剔除掉一些不需要保存的信息,从而形成系统化的各类信息的过程。

【出处】《房地产经纪操作实务》(第四版)P143

71.【答案】B

【解析】银行版主要提供商业银行查询,在信用交易信息中,该报告不展示除查询机构外的其他贷款银行或授信机构的名称,目的是保护商业秘密、维护公平竞争。

【出处】《房地产经纪操作实务》(第四版)P146

72.【答案】B

【解析】根据《征信业管理条例》的规定,个人有权每年两次免费获取本人的信用报告。

【出处】《房地产经纪操作实务》(第四版)P146

73.【答案】A

【解析】一般银行对个人征信的要求是:当前不能逾期,半年内不能有两次逾期记录,两年内不能连续3次,累计6次未按时还款。

【出处】《房地产经纪操作实务》(第四版)P147

74.【答案】C

【解析】目前,贷款金额最高一般不超过抵押房地产价值的70%。

【出处】《房地产经纪操作实务》(第四版)P148

75.【答案】C

【解析】采用等额本息还款时,各期还款压力是一样的;采用等额本金还款法时,借款初期还款压力较大,以后依次递减。

【出处】《房地产经纪操作实务》(第四版)P149

76.【答案】B

【解析】住房的寿命越短,贷款的期限会越短。

【出处】《房地产经纪操作实务》(第四版)P148

77.【答案】D

【解析】抵押合同可以约定终止事由,一般终止情况如下:抵押所担保的债务已经履行、抵押合同被解除、债权人免除债务、法律规定终止或当事人约定终止的其他情形。

【出处】《房地产经纪操作实务》(第四版)P152

78.【答案】A

【解析】抵押合同具有从属性,当主合同即债权合同无效时,抵押合同也无效。

【出处】《房地产经纪操作实务》(第四版)P152

79.【答案】A

【解析】房地产经纪服务实行明码标价制度。

【出处】《房地产经纪操作实务》(第四版)P174

80.【答案】A

【解析】房地产经纪服务实行明码标价制度。房地产经纪机构应当遵守经纪服务收费管理的相关法律法规,在经营场所醒目位置标明房地产经纪服务项目、服务内容、收费标准等。

【出处】《房地产经纪操作实务》(第四版)P174

二、多项选择题

1.【答案】ABCD

【解析】在存量房买卖居间(中介)业务中,房地产经纪机构提供的主要内容包括:提供买卖信息;提供交易流程、交易风险、市场行情和交易政策等咨询;房屋实地查看和权属调查;发布信息及进行广告宣传;协助议价、交易撮合、订立房屋买卖合同;代办抵押贷款(如有需要);协助交易资金结算及监管;协助缴纳税费,代办不动产登记(如有需要);协助交验房屋等。

【出处】《房地产经纪操作实务》(第四版)P3

2.【答案】BCDE

【解析】接待买方客户的流程有:核实买方的主体资格;沟通购房需求;询问购房预算;告知房屋交易的一般程序及可能存在的风险;告知经纪服务的内容、收费标准和支付时间;告知拟购房屋的市场信息,提出建议。A选项沟通房屋本身的权利状况属于接待卖方客户需要了解的信息。

【出处】《房地产经纪操作实务》（第四版）P5~P6

3.【答案】ABCE

【解析】必要的房屋状况信息包括房屋的地址、用途、面积、户型、楼层、朝向、装修、建成年份（代）、建筑类型、产权性质和有关图片；租售价格信息包括房屋出租人或者出售人所要求的租金或者售价。D 选项属于租售价格信息。

【出处】《房地产经纪操作实务》（第四版）P29

4.【答案】ABCE

【解析】客源开发的常用策略有：① 注重营销手段的运用：房地产经纪机构和房地产经纪人员为获取足够的客源，必须集中精力开展市场营销活动。② 着力打造良好的客户关系：房地产经纪人员应始终关注客户需求，维护客户关系并将其发展成为终身顾客。③ 及时挖掘客户信息。④ 善用养客策略。⑤ 择机使用直接回应方法：直接回应方法是以客户为中心的营销手段，而不是以自我宣传或以广告为中心。

【出处】《房地产经纪操作实务》（第四版）P37~38

5.【答案】ABDE

【解析】客源自身的限制条件包括付款方式、可承受的首付款、可负担的月供、可支付的购房和贷款资格等。

【出处】《房地产经纪操作实务》（第四版）P45

6.【答案】ABC

【解析】在《房屋出售经纪服务合同》《房屋出租经纪服务合同》中，权属证书编号、权利人共有情况、房屋坐落、规划用途、面积、户型、所在楼层、地上总层数等信息，根据权属证书填写。有无电梯、朝向或者上述信息在权属证书无记载的，根据实地查看情况填写。

【出处】《房地产经纪操作实务》（第四版）P61

7.【答案】AD

【解析】服务费用就是房地产经纪机构提供房地产经纪服务应得的服务报酬，由佣金和代办服务费两部分构成。

【出处】《房地产经纪操作实务》（第四版）P63

8.【答案】ABDE

【解析】房屋买卖经纪服务中的房屋实地查看主要包括四个方面的内容：房屋区位状况、实物状况、物业管理状况、其他状况查看等。房屋租赁经纪服务中的房屋实地查看主要包括五个方面的内容：房屋区位状况，实物状况，家具、家电配置情况，房屋使用相关费用，其他情况查看等。

【出处】《房地产经纪操作实务》（第四版）P70

9.【答案】ABCE

【解析】若房屋在一层，要特别注意下水是否畅通，是否有异味；查看房顶是否有漏水；户型是否方正；采光状况；关注电梯质量；拍摄反映实物状况的照片。

【出处】《房地产经纪操作实务》（第四版）P74

10.【答案】DE

【解析】名片递接的常见问题包括：把个人的名片夹放置在裤子后袋中；无意识地把

玩对方的名片；把对方的名片忘在桌上，或掉在地上；把接过来的对方名片放入裤兜里；当场在对方名片上写其他备忘事情。

【出处】《房地产经纪操作实务》（第四版）P185

11.【答案】ABC

【解析】与客户交谈时，注意力分散；与客户交谈时，使用过多的专业词汇为面谈中常见的问题。

【出处】《房地产经纪操作实务》（第四版）P189

12.【答案】ABCD

【解析】商品房买卖预售合同风险防范工作主要包括：土地与开发情况说明；房屋图纸与结构的确认；宣传资料与广告明示的内容写入合同；面积误差条款的约定；合同备案的约定；相关费用的承担与前期物业管理的约定；交付和保修及风险责任的约定；定金罚则的提示；合同附件和补充条款的说明。E 选项属于现房买卖合同的风险防范工作。

【出处】《房地产经纪操作实务》（第四版）P104～106

13.【答案】AC

【解析】A 选项表述错误，如没有特别的约定，维修责任通常由出租人承担，而非承租人。C 选项表述错误，没有约定可以转租的，承租人不能转租。

【出处】《房地产经纪操作实务》（第四版）P111～112

14.【答案】ADE

【解析】押金不同于定金，定金的适用范围不受限制，而押金适用的范围并不广泛，只适用于租赁合同、承包合同、医疗合同等有限的合同中，故 B 选项错误。押金只能由债务人提供，只能返还或抵扣，不具有惩罚性，但具有补偿性，故 C 选项错误。

【出处】《房地产经纪操作实务》（第四版）P122

15.【答案】BCD

【解析】狭义的房地产交易资金主要是指房地产买卖价款和租金。

【出处】《房地产经纪操作实务》（第四版）P117

16.【答案】ABE

【解析】存量房租赁查验的前期准备中，承租方需要准备的材料包括：身份证明、需要支付的款项。B、C、D 选项为出租方需要准备的材料。

【出处】《房地产经纪操作实务》（第四版）P136

17.【答案】CDE

【解析】房地产经纪机构在为客户提供办理贷款的服务时，必须签订个人住房贷款代办服务合同，明确约定经纪机构的服务内容和责任范围，不对贷款能否获批、贷款额度、利率、代办期限等作出承诺。

【出处】《房地产经纪操作实务》（第四版）P150

18.【答案】ABCD

【解析】房地产经纪业务记录，可为社会提供信息查询服务，但对涉及的国家秘密、商业秘密、技术秘密和个人隐私应当予以保护。

【出处】《房地产经纪操作实务》（第四版）P144

19.【答案】ABCE

【解析】客户委托房地产经纪机构代办住房贷款时，房地产经纪人员应详细告知客户贷款办理流程和银行贷款政策，并充分考虑客户的储蓄、收入水平、家庭开支及家庭理财状况，提出合理建议。

【出处】《房地产经纪操作实务》（第四版）P145

20.【答案】ABDE

【解析】协助办理贷款相关手续包括：① 带领客户去银行面签借款合同；② 协助客户办理交易资金监管手续；③ 根据银行通知领取批贷函，并提醒借款人注意批贷函有效期；④ 协助客户到不动产登记部门办理不动产抵押登记手续。

【出处】《房地产经纪操作实务》（第四版）P150

房地产经纪操作实务模拟卷（二）答案解析

一、单项选择题

1.【答案】B

【解析】在房地产代理业务中，房地产经纪机构只能代表交易双方中某一方的利益。在房地产居间（中介）业务中，房地产经纪机构作为中立的第三方，为房地产交易双方提供撮合服务或促进交易。

【出处】《房地产经纪操作实务》（第四版）P2

2.【答案】A

【解析】由于房屋产权人张某属于不具有完全民事行为能力人，需要委托监护人代为出售，并办理监护公证。其父母为第一监护人。

【出处】《房地产经纪操作实务》（第四版）P5

3.【答案】D

【解析】佣金是房地产经纪服务的合法报酬。

【出处】《房地产经纪操作实务》（第四版）P8

4.【答案】C

【解析】存量房租赁经纪业务房源信息是出租客户委托房地产经纪机构出租的房屋的信息，包括出租方的信息和出租房屋的信息两部分。C选项为房屋租赁信息。

【出处】《房地产经纪操作实务》（第四版）P10

5.【答案】B

【解析】房地产经纪人员亲自到现场查看委托出租房屋时，需要核实房屋的基本状况，主要查看的内容包括出租房屋的实物状况、区位状况及内部家具家电情况等。

【出处】《房地产经纪操作实务》（第四版）P11

6.【答案】A

【解析】房地产经纪人与应提醒承租方按合同约定向出租方交纳押金和租金，押金一般为1~3个月租金，个人承租住房押金一般为1个月租金。

【出处】《房地产经纪操作实务》（第四版）P12

7.【答案】B

【解析】房地产经纪业务是指房地产经纪机构和经纪人员为获取报酬而从事的以促成房地产交易为核心内容的主要工作。

【出处】《房地产经纪操作实务》（第四版）P1

8.【答案】C

【解析】房地产经纪业务包含基本业务和延伸业务。

【出处】《房地产经纪操作实务》（第四版）P1

9.【答案】A

【解析】佣金是指房地产经纪机构完成受托事项后,由委托人向其支付的报酬。一般来说,在买卖双方签订房地产经纪服务合同之后,经纪机构就可以按照服务合同的约定收取佣金。

【出处】《房地产经纪操作实务》(第四版)P2

10.【答案】B

【解析】房源具有三大属性,即物理属性、法律属性和心理属性。

【出处】《房地产经纪操作实务》(第四版)P20

11.【答案】A

【解析】房源信息按照使用目的可以划分为住宅和商业房源。

【延展】按照房屋的交易次数可以分为新建住房和二手住房,按照房屋是否建成,新建商品住房又可分为期房和现房;按照装修情况,可分为毛坯房、简装房、精装房;按照建筑层数,可分为平房和楼房;按照建筑高度,可分为低层住宅、多层住宅、中高层住宅、高层住宅;按照建筑形式,可分为独立式住宅、双拼式住宅、联排式住宅、叠拼式住宅、公寓式住宅;按照建筑密度可以分为低密度住宅、高密度住宅;按照建筑结构,可分为板式住宅、塔式住宅、塔板结合住宅;按照楼梯形式,可分为单元式住宅、通廊式住宅、内天井住宅;按照用途,可分为纯住宅、商住楼、酒店式公寓;按照产权及交易政策可分为原私有住房、已购公有住房、商品住房、限价商品住房、经济适用住房、公共租赁住房、廉租住房、未售公有住房、集资合作住房、定向安置房、农民住房等;按照享受的信贷、税收政策不同,可分为普通住房和非普通住房等。

【出处】《房地产经纪操作实务》(第四版)P23

12.【答案】B

【解析】公盘制的优点是工作效率高、成交速度快,缺点是可能频繁打扰卖方客户而降低客户服务体验。

【出处】《房地产经纪操作实务》(第四版)P27

13.【答案】D

【解析】无效房源有时容易被房地产经纪人员忽略,这种做法是不科学的,因为随着时间的推移,"无效房源"也有可能再次变为"有效房源",从而再次实现交易。

【出处】《房地产经纪操作实务》(第四版)P28

14.【答案】B

【解析】房地产经纪门店这种方式具有便于与客户互动交流、信息更新速度快等优点,但发布房源信息量较小。

【出处】《房地产经纪操作实务》(第四版)P30

15.【答案】C

【解析】互联网开发法的优势有更新速度快、时效性强。

【出处】《房地产经纪操作实务》(第四版)P37

16.【答案】D

【解析】直接回应方法是以客户为中心的营销手段,而不是以自我宣传或以广告为中心。

【出处】《房地产经纪操作实务》(第四版)P38

17.【答案】A

【解析】客源信息的鉴别和筛选是对客源信息的准确性、真实性、可信性进行分析并对已鉴别的客源信息进行挑选和剔除，将识别出的优质客源作为服务的重点。

【出处】《房地产经纪操作实务》(第四版)P39

18.【答案】A

【解析】根据客户的需求或交易类型，可以将客户分为买房客户和租房客户。

【出处】《房地产经纪操作实务》(第四版)P40

19.【答案】B

【解析】房地产经纪机构从事房地产经纪业务，每个月都有许多的成交实例，此类成交价格就是价格信息的真实反映，而且时效性较强。

【出处】《房地产经纪操作实务》(第四版)P47

20.【答案】A

【解析】环比增长率＝（某期的房地产价格－上个周期的房地产价格）/（上个周期房地产价格）×100%＝（17600－17350）/17350×100%＝1.44%。

【出处】《房地产经纪操作实务》(第四版)P51

21.【答案】D

【解析】对客源信息的维护中有一个容易被房地产经纪人员忽视的问题，那就是陈旧的客户信息并不意味着没有价值，比如原本购买意愿不强的客户由于结婚或者生育而急需购房，经纪人要善用旧的客户信息，挖掘其中可能蕴藏的新价值。

【出处】《房地产经纪操作实务》(第四版)P44

22.【答案】D

【解析】发行另类、男士脸上胡茬明显、指甲过长或指甲缝里有污垢为仪容礼仪中常见的问题，做法都是欠妥的。

【出处】《房地产经纪操作实务》(第四版)P178

23.【答案】C

【解析】房地产经纪业务按照房地产经纪活动所促成的房地产交易类型，分为房地产转让经纪业务、房地产租赁经纪业务、房地产抵押经纪业务。

【出处】《房地产经纪操作实务》(第四版)P56

24.【答案】D

【解析】在提供经纪服务的过程中应严格执行明码标价制度。

【出处】《房地产经纪操作实务》(第四版)P60

25.【答案】C

【解析】有无电梯或者上述信息在权属证书无记载的，根据实地查看情况填写。

【出处】《房地产经纪操作实务》(第四版)P61

26.【答案】D

【解析】如果买卖双方签订的房屋交易合同依法解除，房屋交易未能最终完成的，若房地产经纪机构不能证明自己全面适当履行了约定服务事项及必要义务，则只能索要居间（中介）服务的必要费用，不能获得全部服务报酬。

【出处】《房地产经纪操作实务》（第四版）P66

27.【答案】B

【解析】在发放贷款时，通常将偿还比率作为衡量贷款申请人偿债能力的一个指标。

【出处】《房地产经纪操作实务》（第四版）P148

28.【答案】D

【解析】房地产经纪服务合同的作用，一是，确立了房地产经纪机构与委托人之间的委托关系。二是，明确了房地产经纪机构和委托人的权利和义务。三是，建立了房地产经纪机构和委托人之间解决纠纷和争议的有效依据。

【出处】《房地产经纪操作实务》（第四版）P53

29.【答案】C

【解析】俗话说"百闻不如一见"，房屋尤其如此，因为房屋具有独一无二的特性。

【出处】《房地产经纪操作实务》（第四版）P69

30.【答案】C

【解析】房屋区位状况查看的注意事项：分析房屋附加价值；调查嫌恶设施；关注景观状况；拍摄反应区位状况的照片。关注电梯质量属于房屋实物状况查看的注意事项。

【出处】《房地产经纪操作实务》（第四版）P73

31.【答案】A

【解析】带客户看房过程中的具体要求有：带看途中要注意与客户的沟通交流；看房时提醒客户不要与业主直接谈价格；看房时行走楼体、搭乘电梯都要注意客户安全、同时及时为客户指引路线；进入带看房屋向客户介绍房地产时，对于优点，需要重点推介；对于缺点，要实事求是予以说明，并给出合理建议；房地产经纪人员应根据房屋状况说明书中记录的信息，一次性地书面告知买方其意向房源的基本情况及产权状况。

【出处】《房地产经纪操作实务》（第四版）P83

32.【答案】A

【解析】带领客户实地看房的注意事项：约看要求要明确，约客户看房时避免开放性问题，如"您什么时候有空看房"。大方沟通。挖掘需求，客户的需求包括：价格、面积和户型；购房的动机；支付方式；目前的资金预算等。及时回访。

带看后，房地产经纪人员一定要根据实际情况安排回访，询问客户意向。

【出处】《房地产经纪操作实务》（第四版）P84

33.【答案】C

【解析】一般情况下没有特别约定，合同自双方当事人签字盖章时生效。

【出处】《房地产经纪操作实务》（第四版）P89

34.【答案】C

【解析】当事人具有完全民事行为能力签订的合同才具有法律效力，否则买卖双方应该依法委托代理人，并需要办理合法的委托手续等。

【出处】《房地产经纪操作实务》（第四版）P89

35.【答案】C

【解析】根据我国《民法典》规定，给付定金的一方不履行约定的义务或者履行义务不符合约定的，无权要求返还定金；收受定金的一方不履行约定的义务或者履行义务不符合约定的，应当双倍返还定金。实际交付定金改变了约定的定金数额的，以改变后的定金数额为准。合同约定定金金额为20万元，但张某向王某实际支付了12万元，所以应返还定金金额为24万元。

【出处】《房地产经纪操作实务》（第四版）P96

36.【答案】C

【解析】合同某些条款经双方同意进行涂改，所有涂改处也需双方签字确认。

【出处】《房地产经纪操作实务》（第四版）P96

37.【答案】D

【解析】一旦在合同中约定了选择仲裁方式解决纠纷，除法定的特殊情况外，买卖双方不能到法院提起诉讼。仲裁机构完全由当事人自己选择，采取一裁终局制，除法律规定的特殊情况外，对裁决不服不能上诉亦不能到法院起诉。

【出处】《房地产经纪操作实务》（第四版）P99

38.【答案】D

【解析】房屋历史交易情况不用写入存量房买卖合同中。

【出处】《房地产经纪操作实务》（第四版）P92

39.【答案】A

【解析】出卖人通过认购、订购、预订等方式向买受人收受定金作为订立商品房买卖合同担保的，如果因当事人一方原因未能订立商品房买卖合同的，应当按照法律关于定金的规定处理；因不可归责于当事人双方的事由，导致商品房买卖合同未能订立的，出卖人应当将定金返还买受人。

【出处】《房地产经纪操作实务》（第四版）P101

40.【答案】B

【解析】按照规定，购买的商品房项目如果是尚未竣工的，应当具有商品房预售许可证。

【出处】《房地产经纪操作实务》（第四版）P102

41.【答案】B

【解析】未取得预售许可证，签订的商品房买卖合同无效。

【出处】《房地产经纪操作实务》（第四版）P102

42.【答案】A

【解析】房地产经纪人员代表房地产开发企业和买方签订商品房买卖合同的，合同签订前的准备工作包括：向买方披露与开发企业的关系、介绍项目详情及物业管理情况、提供项目查询服务、说明认购协议书或意向书的作用、推荐买卖合同文本、解释商品房销售的法律规定。

【出处】《房地产经纪操作实务》（第四版）P100

43.【答案】D

【解析】租赁期限不得超过20年。超过20年的，超过部分无效，租赁期间届满，当事人可以续订租赁合同，但约定的租赁期限自续订之日起不得超过20年。

【出处】《房地产经纪操作实务》（第四版）P109

44.【答案】C

【解析】A 选项中，如果没有特别约定，房屋及其设施设备的维修责任由出租人承担。B 选项中，如果没有特别约定，水、电、燃气等费用由承租人承担。D 选项中，通常情况下，煤气灶、热水器等设备在正常使用下的风险由出租人承担。

【出处】《房地产经纪操作实务》（第四版）P111

45. 【答案】C

【解析】商品房买卖合同备案需要当事人共同办理。

【出处】《房地产经纪操作实务》（第四版）P116

46. 【答案】A

【解析】面积误差比绝对值在 3% 以内（含 3%），按照合同约定的价格据实结算，即多退少补。

【出处】《房地产经纪操作实务》（第四版）P121

47. 【答案】A

【解析】居住类房地产的租金一般按套计价，商业类房地产的租金一般按面积计价。

【出处】《房地产经纪操作实务》（第四版）P121

48. 【答案】C

【解析】面积误差比 3% 以内的面积为 $125m^2 \times 3\% = 3.75m^2$，返还买受人的金额为 $3.75 \times 5000 = 18750$ 元，3% 以外的面积为 $5 - 3.75 = 1.25m^2$，返还买受人的金额为 $1.25 \times 5000 \times 2 = 12500$ 元，共返还 $18750 + 12500 = 31250$ 元。

【出处】《房地产经纪操作实务》（第四版）P121

49. 【答案】C

【解析】按照定金罚则的规定，给付定金的一方违约，则无权要求返还定金；如果收取定金的一方违约，则应当双倍返还。

【出处】《房地产经纪操作实务》（第四版）P122

50. 【答案】B

【解析】定金是合同当事人在合同订立时或债务履行前，为保证合同的履行，依据法律规定或当事人双方的约定，由一方当事人按合同标的额的一定比例，预先给付对方当事人的钱款。

【出处】《房地产经纪操作实务》（第四版）P121~122

51. 【答案】A

【解析】违约金与定金不能并用，一方违约时，守约方可以在定金和违约金条款中选择之一使用。

【出处】《房地产经纪操作实务》（第四版）P123

52. 【答案】C

【解析】合同当事人一方或双方为保证合同的履行，而留存于对方或提存于第三方的钱款是保证金。

【出处】《房地产经纪操作实务》（第四版）P123

53. 【答案】A

【解析】房地产买卖中，常用的贷款方式是个人住房抵押贷款。

【出处】《房地产经纪操作实务》（第四版）P124

54.【答案】C

【解析】贷款支付主要用于房地产买卖中，与一次性付款购房相比，个人住房贷款购房还需办理不动产抵押。

【出处】《房地产经纪操作实务》（第四版）P124

55.【答案】D

【解析】房地产交易资金结算阶段，房地产经纪人员不得以任何名义擅自收取交易资金监管手续费用。

【出处】《房地产经纪操作实务》（第四版）P133

56.【答案】A

【解析】如买卖双方选择自行交割房地产交易资金，操作流程一般如下：① 买卖双方签订存量房买卖合同；② 买方按合同约定的时间和方式支付定金或首付款至卖方指定账户；③ 如买方需要贷款，办理抵押贷款手续，银行批贷；④ 买方或贷款银行支付部分购房款给卖方；⑤ 买卖双方办理缴税及不动产转移登记手续，买方取得不动产权证书；⑥ 买方或贷款银行支付剩余购房款给卖方。

【出处】《房地产经纪操作实务》（第四版）P130

57.【答案】D

【解析】通过第三方专用账户划转交易资金，是政府对存量房交易资金进行监管的重要途径，能很好地保障交易资金安全。

【出处】《房地产经纪操作实务》（第四版）P128

58.【答案】D

【解析】存量房交易资金监管的期限为交易资金存入监管账户起至不动产权证书颁发为止。

【出处】《房地产经纪操作实务》（第四版）P129

59.【答案】C

【解析】B、D 选项属于经纪人员需要准备的资料，A 选项属于买方需要准备的资料。

【出处】《房地产经纪操作实务》（第四版）P135

60.【答案】C

【解析】A 选项属于出租人或承租人准备的材料，B 选项属于承租人需要准备的材料，D 选项属于出租人需要准备的资料。

【出处】《房地产经纪操作实务》（第四版）P136

61.【答案】A

【解析】房地产经纪人员要根据现场查看情况，边查边记录下房屋及各项设施设备的基本状况，并填写房屋交接单。

【出处】《房地产经纪操作实务》（第四版）P137

62.【答案】A

【解析】房屋交接单有时也被称为房屋确认书或房屋确认表。

【出处】《房地产经纪操作实务》（第四版）P139

63.【答案】D

【解析】目光不稳定，上下打量对方或者眼珠转来转去属于目光交流中常见的问题，做法是错误的。

【出处】《房地产经纪操作实务》(第四版)P183

64.【答案】D

【解析】房源的心理属性是指委托人在委托过程中的心理状态,从而对房源的一些要素如挂牌价格产生影响。

【出处】《房地产经纪操作实务》(第四版)P21

65.【答案】A

【解析】房地产登记代办费用不应该包括应由委托人缴纳的各种税费。

【出处】《房地产经纪操作实务》(第四版)P174

66.【答案】C

【解析】有的客户买方是为了改善居住空间,那首先就要满足房屋面积这一刚性条件。

【出处】《房地产经纪操作实务》(第四版)P45

67.【答案】B

【解析】根据《房地产广告发布规定》等有关规定,房地产广告中不得含有风水、占卜等封建迷信内容,对项目情况进行的说明、渲染,不得有悖社会良好风尚。

【出处】《房地产经纪操作实务》(第四版)P31

68.【答案】C

【解析】房地产经纪业务记录,可为社会提供信息查询服务,但对涉及的国家秘密、商业秘密、技术秘密和个人隐私应当予以保密。

【出处】《房地产经纪操作实务》(第四版)P144

69.【答案】A

【解析】收集是指专职档案管理人员将分散在房地产经纪机构各分支机构或门店的房地产经纪业务记录集中在一起的过程。

【出处】《房地产经纪操作实务》(第四版)P143

70.【答案】C

【解析】组合贷款的流程为:买卖双方签订房屋买卖合同→银行委托房地产评估机构评估房屋抵押价值→办理网签手续(有的城市没有网签)→买卖双方到银行和公积金管理中心办理面签手续→银行和公积金管理中心分别审核,批贷→买卖双方办理缴税、产权过户手续→办理抵押登记→银行放款。

【出处】《房地产经纪操作实务》(第四版)P145

71.【答案】A

【解析】目前我国商业银行普遍采用的个人信贷征信是中国人民银行征信中心出具的个人信用报告。

【出处】《房地产经纪操作实务》(第四版)P146

72.【答案】C

【解析】目前,个人信用报告有三个版本,包括个人版、银行版、社会版。

【出处】《房地产经纪操作实务》(第四版)P146

73.【答案】A

【解析】个人版信用报告是消费者了解自己信用状况,主要展示的信息主体的信贷信息和公共信息的版本。

【出处】《房地产经纪操作实务》(第四版) P146

74．【答案】D

【解析】社会版信用报告供消费者开立股指期货账户，此版本展示了个人的信用汇总信息，主要包括个人的执业资格记录、行政奖励和处罚记录等。

【出处】《房地产经纪操作实务》(第四版) P146

75．【答案】B

【解析】目前大多数银行都对个人住房抵押贷款规定了最高偿还比率，一般为50%。

【出处】《房地产经纪操作实务》(第四版) P148

76．【答案】B

【解析】采用等额本息还款时，各期还款压力是一样的；采用等额本金还款法时，借款初期还款压力较大，以后依次递减。

【出处】《房地产经纪操作实务》(第四版) P149

77．【答案】A

【解析】抵押合同主要包括以下内容：抵押人、抵押权人的名称或者个人姓名、住所；主债权的种类、数额；抵押财产的具体状况；抵押财产的价值；债务人履行债务的期限；抵押权灭失的条件；违约责任；争议解决方式；抵押合同订立的时间与地点；双方约定的其他事项。

【出处】《房地产经纪操作实务》(第四版) P151

78．【答案】A

【解析】抵押权人一般为银行或公积金管理中心。

【出处】《房地产经纪操作实务》(第四版) P151

79．【答案】C

【解析】登记部门应在规定日期内办完登记手续，不动产抵押权自登记时设立。

【出处】《房地产经纪操作实务》(第四版) P151

80．【答案】A

【解析】代办不动产抵押权登记的流程为：介绍相关政策及流程→了解权属状况→签订委托合同→收集相关材料→前往登记部门办理登记→领取不动产登记证明。

【出处】《房地产经纪操作实务》(第四版) P153

二、多项选择题

1．【答案】ABCE

【解析】根据标的房地产的用途，可以分为居住房地产经纪业务和商业房地产经纪业务，居住房地产经纪业务包括公寓、别墅、普通商品住房等，商业房地产又可分为零售物业、各类批发市场、物流仓储用房和写字楼等。

【出处】《房地产经纪操作实务》(第四版) P1

2．【答案】ABCE

【解析】需要查看或提醒委托人准备的材料有：房地产权属证书原件；房屋所有权人的身份证明原件；共有人同意出售证明；受托人身份证明原件、授权委托书等。

【出处】《房地产经纪操作实务》(第四版) P5

3.【答案】CD

【解析】房地产价格信息的鉴别和修正是指对价格信息的准确性、真实性进行分析，并对已鉴别的信息进行必要修正，以保证房地产价格具有参考价值的过程。

【出处】《房地产经纪操作实务》（第四版）P48

4.【答案】ABD

【解析】房地产经纪人员在发布房源信息前，需征得委托人书面同意，要在签订房地产经纪服务合同、核验房源产权及房屋实地查看以后才能发布房源信息。

【出处】《房地产经纪操作实务》（第四版）P29

5.【答案】BCE

【解析】新建商品房销售代理业务的基本流程包括：① 接受委托阶段；② 销售筹备阶段；③ 现场销售阶段；④ 协助签约阶段；⑤ 结算佣金阶段。

【出处】《房地产经纪操作实务》（第四版）P13

6.【答案】CDE

【解析】《房屋购买经纪服务合同》包括九条：房屋需求基本信息；经纪服务内容；服务期限和完成标准；经纪服务费用；资料提供和退还；违约责任；合同变更和解除；争议处理；合同生效。

【出处】《房地产经纪操作实务》（第四版）P55

7.【答案】ABCD

【解析】在《房屋承租经纪服务合同》中，需求房屋的规划用途、所在区域、建筑面积、户型、朝向、有无电梯、租金范围、租赁期限、最晚入住日期、承租形式等信息，由承租人确认后填写。

【出处】《房地产经纪操作实务》（第四版）P62

8.【答案】ABCE

【解析】签订房地产经纪服务合同中的常见错误有：证件信息填写有误；合同服务内容未明确界定；合同有效期限未标明；格式合同空白处留白。

【出处】《房地产经纪操作实务》（第四版）P64

9.【答案】BD

【解析】"两书"指《住宅使用说明书》和《住宅质量保证书》。

【出处】《房地产经纪操作实务》（第四版）P97

10.【答案】CDE

【解析】卖方的权利瑕疵担保是指卖方担保其出卖房屋的所有权完全转移于买方，其他任何人不能对房屋主张任何权利，即卖方需要保证其出卖的房屋不存在任何产权纠纷。如出卖房屋为夫妻共有财产，但房屋登记在一方名下时，需要承诺夫妻双方对一方出卖房屋行为的认可。另外，交易房屋是否有抵押、出租、查封、诉讼等情况均需要在合同上写明，以免产生纠纷。对于已购公有住房上市出售和经济适用住房、限价房、拆迁安置房、共有产权房等出售的，需要说明是否有限制交易的情况及其处理的方式。

【出处】《房地产经纪操作实务》（第四版）P97

11.【答案】ADE

【解析】违法建筑，不符合安全、消防、防灾等工程建设强制性标准的，违反规定改变房屋使用性质的房屋，不能出租。

【出处】《房地产经纪操作实务》（第四版）P109

12.【答案】BDE

【解析】代拟房屋租赁合同，签订前的准备工作包括：实地查看和如实介绍房屋使用状况；提示双方注意房屋设施设备状况；解释有关房屋租赁的主要规定和特别规定；推荐租赁合同文本。

【出处】《房地产经纪操作实务》（第四版）P109

13.【答案】ACDE

【解析】按照《民法典》规定，承租人的优先购买权是有一定限制的，即房屋按份共有人行使优先购买权或者出租人将房屋出卖给近亲属的除外。此外，出租人履行通知义务后，承租人在15日内未明确表示购买的视为承租人放弃优先购买权。因此，经纪人员需要提示当事人在合同中就相关内容进行约定，以及时保护自己的权利。B选项为本题的干扰项，与题意不符。

【出处】《房地产经纪操作实务》（第四版）P112

14.【答案】BE

【解析】订金、意向金的性质不同于定金，不具有担保性质。

【出处】《房地产经纪操作实务》（第四版）P123

15.【答案】ABD

【解析】一次性付款方式对于买方来说手续简便，房价折扣率较高；对于卖方来说能尽快回笼资金。一次性付款适用于购房者资金充足、卖方信誉良好或者买卖双方相互熟悉的情况。

【出处】《房地产经纪操作实务》（第四版）P125

16.【答案】BCE

【解析】存量房买卖查验的前期准备中，房地产经纪人需要准备的材料包括各种验房工具、房屋状况说明、房屋交接单等。A选项中，身份证明是买卖双方需要准备的材料，D选项中各项缴费凭证是卖方需要准备的材料。

【出处】《房地产经纪操作实务》（第四版）P135

17.【答案】ACE

【解析】按照客户需求的房地产类型，客户可分为住宅客户、写字楼客户、商铺客户和工业厂房客户及其他客户。

【出处】《房地产经纪操作实务》（第四版）P40

18.【答案】ABCE

【解析】房地产经纪业务记录的主要内容包括：房地产经纪服务合同；房地产交易合同（买卖和租赁合同）；委托人及交易相对人提供的资料；房屋状况说明书、房屋查验报告；收据、收条及各种票据等原始凭证的复印件；房屋交接单或房屋交接确认书；房地产权属证书复印件；其他相关资料。

【出处】《房地产经纪操作实务》（第四版）P142

19.【答案】ABC

【解析】根据个人住房贷款代办服务的内容，代办服务合同主要包括以下内容：委托双方的基本资料；委托事项；双方的权利和义务；服务收费；违约责任；争议解决；其他约定；委托双方签字盖章。

【出处】《房地产经纪操作实务》（第四版）P145

20.【答案】ABDE

【解析】贷款方案主要由以下要素构成：贷款银行、贷款成数、偿还比率、贷款额度、贷款期限、偿还方式、贷款政策。

【出处】《房地产经纪操作实务》（第四版）P147~148

编者简介

杜岩
58安居客资深房产分析专家,深耕房地产行业15年。

刘惠鑫
58安居客培训赋能中心资深分析师。

赵汝霏
58安居客培训赋能中心职业资格考试内容教研负责人,从事房地产经纪相关工作近6年,其中3年考试钻研经验,主讲资格考试《房地产经纪职业导论》《房地产交易制度政策》《房地产经纪综合能力》课程,覆盖考试重点90%以上。

金梦蕾
58安居客培训赋能中心考试教研组高级教研员。2年习题册编写经验。擅长科目:《房地产经纪专业基础》《房地产经纪综合能力》。连续3年组织职业考试线上辅导工作,带班辅导学员过考率达80%以上。

侯蕴藝
58安居客培训赋能中心职业考试教研组新锐讲师,1年资格考试钻研经验,主讲协理课程内容,负责协理VIP班的答疑工作,并严格把控协理题库质量。

任芳芳
58安居客培训赋能中心高级讲师,7年房地产从业经验,其中5年房地产知识编写及相关命题经验,编写《房地产交易法律法规文件精选》《房地产交易知识库》《房地产经纪专业知识手册》等内容。

孙亚欣
北京正房科技联合创始人,全国房地产经纪专业人员职业资格考试人气讲师,北京房地产中介行业协会特聘讲师,全国房地产经纪人。从事房地产经纪相关工作十余年,组织线下讲座数百场,深受广大学员喜爱。

张莹
北京正房科技联合创始人,全国房地产经纪专业人员职业资格考试人气讲师,北京房地产中介行业协会特聘讲师,全国房地产经纪人。从事房地产经纪相关工作十余年,针对考点直击核心,让学员茅塞顿开,受益无穷。